Margot Käßmann

Was uns
Zuversicht gibt

Margot Käßmann

Was uns Zuversicht gibt

Reformatorische
Ansprachen

© KREUZ VERLAG, Hamburg 2017
www.kreuz-verlag.de
Gestaltung und Satz: Farnschläder & Mahlstedt, Hamburg
Herstellung: CPI Clausen Bosse, Leck
ISBN 978-3-946905-00-4

Inhalt

Vorwort

Seit ich als Botschafterin des Rates der EKD für das Reformationsjubiläum tätig bin, habe ich auf vielen sehr unterschiedlichen Kanzeln predigen dürfen. In Deutschland oft mit Bezug auf Martin Luther, etwa in Zeitz, wo er auf den Tag genau 475 Jahre vor mir auf der Kanzel stand, jährlich in der Marktkirche Hannovers und auch in vielen Auslandsgemeinden.

Sehr bewusst wurde mir: Wir stehen in einer Tradition der Bibelauslegung, interpretieren sie neu in unsere Zeit, unseren Kontext hinein. Dabei ist Luthers Übersetzung noch immer, auch in der Revision 2017, Zeichen seiner genialen Sprachkompetenz.

Dazu gab es die Eröffnungsgottesdienste für die Themenjahre – meist als Fernsehgottesdienst gestaltet – sowie Bibelarbeiten.

Ich danke dem Kreuz Verlag, insbesondere Elke Rutzenhöfer und Constanze Grimm, dass sie eine Auswahl dieser Predigten und Bibelarbeiten sowie einen Vortrag zur Eröffnung der ersten jüdischen Fakultät an einer deutschen Universität im Jubiläumsjahr 2017 als Buch herausbringen.

Margot Käßmann

»Am Anfang war das Wort«

Ausländerfrei, ethnische Säuberung, Überfremdung, Peanuts, Rentnerschwemme, Wohlstandsmüll, sozialverträgliches Frühableben, Kollateralschaden. Schon vergessen? Unworte der ersten Jahre. 1991 begann die Gesellschaft für die deutsche Sprache »Unwörter des Jahres« zu prämieren. Wer die Liste der Anfangsjahre anschaut, dem entstehen durch die Worte Bilder vor Augen. Die Verharmlosung der Toten durch Nato-Bombardement im Kosovokrieg, die zynische Umschreibung arbeitsunfähiger Menschen, abschätziger Bankerjargon. Worte, die zeigen, welche Macht Sprache hat. Und Worte, die für oft menschenverachtende Haltung stehen. Bis hin zum aktuellen Unwort, dem des Jahres 2011: »Döner-Morde« ….

»Das Wort« ist Markenzeichen des Protestantismus. Kein Wunder also, dass alle Projekte zum Reformationsjubiläum künftig unter der Dachmarke »Am Anfang war das Wort« stehen sollen. Wobei, mit Verlaub, »Dachmarkenkampagne« auch nicht gerade eine Schönheit unter den Wortschöpfungen ist. Wortgewalt, Wortmacht, Kirche des Wortes – das verbinden viele mit Reformation, mit Martin Luther als dem Reformator und Kirchen der Reformation. Ich will zunächst auf die biblischen Ursprünge schauen, dann auf die reformatorische Wirkung und schließlich auf die Weite des Wortbegriffes.

Im Anfang

Im Anfang war das Wort, und das Wort war bei Gott, und Gott war das Wort. Dasselbe war im Anfang bei Gott. Alle Dinge sind durch dasselbe gemacht, und ohne dasselbe ist nichts gemacht, was gemacht ist. In ihm war das Leben, und das Leben war das Licht der Menschen. (Joh 1, 1–4)

So beginnt das Johannesevangelium. Keine Weihnachtsgeschichte mit Krippe und Stall wie bei Lukas, keine Magier aus dem Fernen Osten auf der Suche nach einem Königssohn wie bei Matthäus. Schlicht das Wort. Und das war IM Anfang oder in anderer Übersetzung AM Anfang. Mit eben diesen beiden Worten beginnt auch der hebräische Teil der Bibel, ja die Bibel selbst: *Am Anfang schuf Gott Himmel und Erde.* Aus dem Chaos entstand die Ordnung von Licht und Finsternis, Land und Wasser. Das Wort hieß: *Es werde!* Und es ward! Gottes Wort schafft Leben, Kreativität, Gestaltungsmöglichkeiten. Mit diesem Wort am Anfang der Schöpfung entsteht Lebensmöglichkeit, Lebensraum für Pflanze, Tier und Mensch.

Ganz deutlich setzt der Evangelist Johannes bei der Schöpfung an und sieht im Prolog zu seinem Evangelium Jesus, den Menschensohn, als die Neuschöpfung Gottes.[1] Anders als die anderen Evangelisten setzt Johannes keinen Anfangspunkt der Geschichte Jesu, kein Stammbaum wird vorgegeben, keine Geburt erzählt. Der Ursprung liegt bei Gott selbst. »Gott, der in Jesus zu Wort kommt, ist kein anderer als der, den der Anfang der jüdischen Bibel als Schöpfer von Himmel und Erde bezeugt.«[2] In den Worten Jesu, seinem Leben und Sterben können wir Gott selbst erahnen, erfahren, Gott begegnen. Leben und Licht kommt so in die Welt, auch wenn das bis heute schwer zu begreifen ist. Werden Christinnen und Christen gefragt, *wie* Gott ist, so werden sie ihn mit Menschen jüdischen Glaubens als Schöpfer preisen können, die Vätergeschichten im hebräischen

Teil der Bibel einbeziehen. Werden sie gefragt, *wer* Gott ist, aber vor allem auf Jesus selbst zurückgreifen. Er hat Gott beschrieben als liebenden Vater, sorgenden Hirten, gütigen Weingärtner. Als den, mit dem Jesus gerungen hat, als der Tod nahe war, dem er sich dann aber doch anvertraut hat in seinem Sterben wie in seinem Leben und darüber hinaus. Kein anderer Gott als der des Judentums! Jesus der Jude hat ihn mit *Abba*, Vater angesprochen. Das ist doch ein besonderes Gottesbild von Zärtlichkeit und Kraft, Liebe und Sanftmut.

Jesus als Wort Gottes zu bezeichnen, mag für uns fremd klingen. Für die Zeit des Evangelisten Johannes klang solche Rede vertraut aus der Philosophie, besonders aber aus der Weisheitsliteratur. Dort wird etwa die *sophia*, die Weisheit, als Schöpfungsmittlerin gesehen. Entscheidend aber dürfte sein, dass der Gott, von dem die Bibel spricht, kein abwesender, schweigender, unergründlicher Weltenherrscher ist, auch keine diffuse Seinskraft, sondern Gott *spricht*; tut sich kund. Nicht erst in Jesus, sondern schon in der ersten Schöpfung ist es Gottes Wort, das Leben schafft. Oder wie es Psalm 50 sagt: *Unser Gott kommt und schweigt nicht.*

Reformation

Der Johannesprolog führt aus: *Das war das wahre Licht, das alle Menschen erleuchtet, die in diese Welt kommen. Er war in der Welt, und die Welt ist durch ihn gemacht; aber die Welt erkannte ihn nicht. Er kam in sein Eigentum; und die Seinen nahmen ihn nicht auf. Wie viele ihn aber aufnahmen, denen gab er Macht, Gottes Kinder zu werden, denen, die an seinen Namen glauben ...* (Joh 1,9–12)

Jesus Christus als Licht für alle, nicht nur für viele. Alle, die an ihn glauben, können Gottes Kinder werden. Und das ist eben kein Weg der Entmündigung, sondern ein Weg der Ermutigung. Kein Opium zur Betäubung der Angst vor dem Dasein oder vor dem Tod, sondern Kraft, mich dem Leben zu stellen, Widerstand zu leisten, Leid zu ertragen, Mächte und Gewalten zu hinterfragen! Das Licht erleuchtet alle Menschen, es gibt jedem Einzelnen die Möglichkeit, Gottes Kind zu werden, selbst zu verstehen, zu fragen und zu begreifen.

Das sind zentrale Anliegen der Reformation! Mich fasziniert immer wieder, wie wichtig Bildung für alle Reformatoren war. »Das Wort« – das steht ja auch für Denken, Reflektieren, Nachdenken, Verstehenkönnen, Fragendürfen. Wie oft wird bis heute Religion eine Haltung unterstellt nach dem Motto: Nicht fragen, glauben! Fundamentalismus, ob jüdischer, christlicher, islamischer oder hinduistischer Prägung, mag Bildung und Aufklärung nicht. Gegen jedwede Ausprägung von Fundamentalismus ist eine Kernbotschaft zum Reformationsjubiläum: selbst denken! Im Gewissen niemandem untertan: frei von Dogmatik, religiösen Vorgaben, Glaubensinstanzen. Und doch jedermann untertan, verantwortlich für die Gemeinschaft, gerufen zum Engagement für die ganze Schöpfung Gottes. Vielleicht ist einer der wichtigsten Beiträge der Reformation, dass es ihr um gebildeten Glauben geht, einen Glauben, der verstehen will, nachfragen darf, auch beim Buch des christlichen Glaubens, der Bibel.

Vor einigen Jahren habe ich dem Chefredakteur von »Runners World« ein Interview gegeben. Interessanterweise wurde in unserem Gespräch für uns beide offensichtlich, dass evangelischer Glaube und Sport zueinander passen. Laufen als spirituelle Erfahrung. Körperwahrnehmung als Teil der Schöpfung. Jahre später hat Frank Hofmann ein Buch geschrieben: »Marathon zu Gott«[3]. Er beschreibt seinen eigenen Weg zurück zum Glauben als lange Auseinandersetzung, als Herausforderung, bei der er den Verstand, der ihn einst vom Glauben wegführte, »wieder in die umgekehrte Richtung (zu) bewegen«[4] musste.

Das finde ich großartig: Reformatorischer Glaube mit der Prämisse des Wortes zeigt, dass wir im säkularen Zeitalter den Verstand nicht aussperren müssen, sondern ihn nutzen dürfen, um glauben zu können. Wenn ich an das Jubiläum 2017 denke, ist das für mich eine der zentralen Botschaften. Luther weniger als Tröster der Deutschen oder Nationalheld wie bei früheren Gedenkfeiern, sondern Luther und die anderen um ihn herum als Denkende, die Glauben und Verstand beieinander halten und auf genau diese Weise jedem Fundamentalismus trotzen – sei er religiöser oder ideologischer Natur. Vielleicht ist das für 2017 die zentrale Botschaft: Glauben nicht als Moralinstanz, sondern als radikale Freiheit zur Einmischung in die Welt.

Luther regte in seinem Brief an den christlichen Adel deutscher Nation die Volksschule für alle an. Melanchthon war Lehrer aus Leidenschaft, ja wird auch aufgrund seiner Bemühungen um eine Universitätsreform als »Lehrer der Deutschen« bezeichnet. Martin Bucer wird von Lutheranern wie von Reformierten als Kirchenlehrer angesehen. Ulrich Zwingli lernte Griechisch, um das Neue Testament im von Erasmus von Rotterdam editierten Urtext lesen zu können. Er selbst besaß die für damals sehr große Zahl von 100 Büchern und gründete in seiner Glarner Pfarrei 1510 eine Lateinschule. Und dann das Genfer Kolleg, von Johannes Calvin gegründet, das die reformierte Bildungsbewegung in viele Regionen Europas brachte!

Das Wort, Worte stehen also in der Tat im Zentrum reformatorischen Denkens. Selbst lesen können, die Heilige Schrift studieren in der eigenen Sprache und in der Originalsprache der Verfasser. Verstehen, nachdenken, sich eine Meinung bilden – das war revolutionär. Und vielleicht müssen wir sagen, das ist 25 Jahre nach der Einführung des Privatfernsehens heute auch wieder revolutionär! Wer liest denn noch, geschweige denn, die Bibel ... Gut, manchen erscheint das Christentum in seiner reformatorischen Variante dadurch anstrengend, zumal in einer Medienwelt schwer vermittelbar. Wo kommen wir denn hin, wenn jeder nachfragen und sich eine eigene Meinung bilden kann? Da ist die glasklare Meldung glatt dahin. In Zeiten von Twitter und Blog ist auch nicht kontrollierbar, was gedacht und gefolgert wird, geschweige denn, wer hinter den Kommentaren steckt. Aber diesen Preis müssen die Kirchen der Reformation zahlen. Vielfalt und Freiheit sind ihre Grundlagen. Sie haben längst gezeigt, dass das Wort eben nicht einengt, sondern öffnet, hin zum eigenen Fragen, Denken, Interpretieren, Stellung nehmen. Nicht *anonym*, ohne zum eigenen Wort zu stehen allerdings, sondern offen, frei und mit Namen, selbstbewusst. Und: Eigenes *Denken* sollte es in der Tat schon sein. Oh ja, das kann am Ende möglicherweise auch politisch sein, provokativ, einseitig vielleicht sogar. Und damit sehr evangelisch.

Fleisch

Schließlich fährt die Einleitung des Johannesevangeliums fort: *Und das Wort ward Fleisch und wohnte unter uns, und wir sahen seine Herrlichkeit, eine Herrlichkeit als des eingeborenen Sohnes vom Vater, voller Gnade und Wahrheit.* (Joh 1, 14)

Mir war das immer wichtig: Das Wort bleibt nicht abgehoben, intellektuell, kopflastig, sondern es ist lebendig, alltagsnah, lässt Emotionen Raum. Es gibt ja aktuell ganze Bücher, die der Intellektualität des Protestantismus nachtrauern. Sie scheint ihnen vermeintlich verloren gegangen. Und sie meinen: Das kommt davon, wenn Frauen ordiniert werden …

Nach allem, was wir wissen, war der Evangelist Johannes allerdings ein Mann. Und ganz offensichtlich war ihm klar: Das Wort wird lebendig, mitten unter uns! Da ist ein leibhaftiger Mensch, Jesus wurde geboren in diesem Vorgang, der nun wahrhaftig nicht intellektualisierbar ist. Er fühlte, wurde als Kind gewickelt, hat laufen gelernt, gelesen, geweint, gelacht, geliebt. Wir können nicht nur hören, sondern dürfen auch sehen, schmecken, tasten, fühlen. Die Reformation ist beileibe nicht so leibfeindlich, wie viele sie gern sehen. Schauen wir uns nur das Cranachporträt Luthers an – da steht kein Asket vor uns!

Gern hat er gegessen und getrunken, seine Tischreden werden bis heute mit Vergnügen gelesen. Und er hat mit seiner Katharina Sexualität und Familie aus dem Geruch des Minderwertigen gegenüber einem Leben im Zölibat befreit. Derb konnte er sein in seinen Sprüchen, aber lebensnah allemal! Allzu oft hat ein allzu strenger Protestantismus das vergessen.

Lebendig wurde von Anfang an und bis heute die Spiritualität, die Sinnlichkeit des Protestantismus im Singen. Luthers Lieder haben das reformatorische Gedankengut wohl weiter verbreitet als manche seiner Schriften, Paul Gerhardt hat reformatorische Theologie mit allen Sinnen singen lassen. Mir wurde das einmal sehr bewusst, als im Jahr 2000 die EXPO in Hannover stattfand. Es war ein enttäuschend schleppender Start und Birgit Breuel, Generalkommissarin der Weltausstellung, rief mich an, um zu fragen, ob wir nicht als hannoversche Landeskirche am Pfingstsonntag die EXPO-Plaza beleben könnten. Es war in der Tat kein Problem: Evangelische Chöre, evangelische Posaunenchöre, es gibt sie allerorten! Hochengagierte Evangelische, die Kirchengemeinden und Kirchentage prägen, können in kürzester Zeit einen solchen Platz mit Leben und Lebenslust füllen. Dazu noch eine ökumenische Dimension durch römisch-katholische Beteiligung und den anglikanischen Erzbischof Tutu als Prediger: *Und das Leben war das Licht der Menschen.* An diesem Tag wurde Spiritualität in der Tat vom abstrakten Begriff zur lebendigen Erfahrung mitten auf einem Platz, der keinerlei kirchliche Ausstrahlung hatte.

Der Kern der Leiblichkeit des Protestantismus aber ist noch ein anderer: die Kreuzestheologie! Sie stellt sich radikal, so der Theologe Michael Welker in seinem Buch zur Christologie, »gegen Formen von Religiosität, die von Gottes Auseinandersetzung mit dem Leiden, der Not und der vielfältigen Selbstgefährdung der Welt und der Menschen absehen«[5]. Die Kreuzestheologie ist wohl einer der Gründe, warum der Protestantismus als so lebensunlustig angesehen wird. Wer macht sich schon gern

Gedanken über Leiden, Sterben und Tod, gar in einer Spaßgesellschaft, der von Soziologen eine schleichende Karnevalisierung bescheinigt wird? Gerade diese Theologie aber ist lebenstauglich. Sie muss Leid nicht aussparen, sie kann stille Zeiten ertragen, sie hat die Kraft, nicht »wird schon« zu sagen, sondern hinzuschen und mit auszuhalten, wo Verzweiflung, Kummer, gar Tod das Leben zeichnen.

Theologie braucht Sinnlichkeit, Worte, die Fleisch werden in Tönen, Berührungen, Farben und Bildern. Ein solches Bild ist für mich das Bild »Tante Marianne« von Gerhard Richter. Am Anfang hat mich das Bild schlicht fasziniert, eine so zarte Pose eines jungen Mädchens und eines Kleinkindes, verschwommen wirkend wie viele Richter-Bilder. Aber dann habe ich Jürgen Schreibers Buch »Ein Maler aus Deutschland« gelesen. Richter malte seine Tante Marianne, die jüngste Schwester seiner Mutter, ohne zu wissen, dass sie für das Grauen der Euthanasieprogramme der Nazizeit steht. Bei ihr, dieser hübschen, aufgeschlossenen, offensichtlich intelligenten jungen Frau wurde mit zwanzig Jahren Schizophrenie diagnostiziert. Es folgt eine Einweisung, ein furchtbarer Leidensweg durch verschiedene Einrichtungen, Zwangssterilisation, am Ende Vergasung. Marianne Schönfelder, die in Dresden die Höhere Mädchenschule besuchte, war – wie so manche jüngste Tochter – ganz offensichtlich Augapfel ihrer Eltern. Sie wird Opfer einer Ideologie, die eine Lehre von »Deutschem Blut und Kulturerbe« predigt.[6] »Unwertes Leben«, »unnütze Esser«, »Kostgänger« im Herrenvolk. Mariannes Bild steht für eine Zerstörung, die Worte kaum mitteilen können. Gerhard Richter hat erst spät begriffen, dass sein Schwiegervater, SS-Obersturmbannführer Heinrich Eufinger, den er mehrfach gemalt hat, Zwangssterilisierungen verantwortet und zu Hunderten selbst durchgeführt hat. Mit dreiundsiebzig Jahren begreift er, was er da mit dreiunddreißig gemalt hat.[7] Ein Bild, das nun so viele Worte in sich vereinigt. Ein Bild, das erzählt. Anrührend. Ein Bild, das auch kritisch eine unkritische Lutherrezeption herausfordert, die seine unsäglichen und menschenverachtenden Äußerungen über Juden in eine Lethargie der Anpassung einschläferte, wo Widerstand gefordert war.

Das Hin-Sehen, das Richters Bilder wie viele andere Bilder großer Künstler ermöglichen, macht immer wieder die Fleischwerdung von Wort erfahrbar. Ganz besonders bei »Tante Marianne«. So kann ich nachvollziehen, dass in Luthers Zählung der Zehn Gebote das Bilderverbot nicht vorkommt. Zu komplex ist der Gedanke des »Nicht ein Bildnis machen«, als dass er die reale Verachtung oder gar Zerstörung von Bildern mit sich bringen dürfte!

Das Wort ward Fleisch. Nach all den Worten. Das Wort ward Fleisch und wir können solche Bilder ertragen, weil wir als Christinnen und Christen glauben, dass die Ideologie mit ihren Worten, die oberflächlichen Betroffenheitsbekundungen, die Irreführungen des Fundamentalismus weniger Kraft haben als das Wort, das Fleisch wurde und das wir sterbend am Kreuz erkennen. Da ist Gott. Da leidet Gott mit. Mit dir. Mit mir. Mit den Gedemütigten und Verletzten, den Leidenden und den Sterbenden der Menschheit.

Und weil sie dieses Wort erleben, erfahren, erkennen, werden Christinnen und Christen immer wieder aufstehen gegen Demütigung, Zerstörung, Worte, die Menschen degradieren. In Jesu Namen.

Einführung als Reformationsbotschafterin
in Berlin am 27. April 2012 (Johannes 1)

Ein gutes Lied

Vom Singen

»Wo man singt, da lass dich ruhig nieder, böse Menschen kennen keine Lieder.« So hat der Volksmund ein Gedicht von Johann Gottfried Seume aus dem Jahr 1804 abgewandelt. Und in der Tat, wer von außen erlebt, wie wir heute Morgen hier auf dem Stephansplatz so wunderbar miteinander singen, mag denken: Schön ist das! In Hannover lass dich ruhig nieder ... Aber stimmt das? Gibt es nicht entsetzlich viele Marschlieder und Hassgesänge? Lieder können auch martialisch sein, Kampfgeist schüren, andere verachten. »Deutschland, Deutschland über alles« – die ersten beiden Strophen der Nationalhymne sind den Deutschen im Halse stecken geblieben, als klar wurde, welch entsetzliches Leid solche nationalistische Arroganz von der Maas bis an die Memel über ganz Europa und schließlich für die Deutschen selbst gebracht hat. Seume hätte es wissen müssen. 1781 wurde er von Soldatenwerbern gefangen genommen und an England für den Kampf im amerikanischen Bürgerkrieg verkauft. Als er nach neun Wochen Schiffsüberfahrt in Kanada landete, waren die Kämpfe vorbei, er wurde zurücktransportiert, seine Fluchtversuche scheiterten, am Ende sollte er mit Spießrutenlaufen und damit dem Tod bestraft werden, schließlich landete er für Jahre im Kerker. Ob sie gesungen haben auf den schrecklichen Überfahrten, in den Soldatenlagern, im Gefängnis?

Lieder können trösten! Ich denke an »Befiehl du deine Wege«, das viele Menschen ermutigt hat in schwerer Zeit. Singen ist Teil christlichen Glaubens von Anfang an. Schon die Bibel ist voller Lieder, angefangen bei den Psalmen oder die Lieder von Hanna und Maria. In den evangelischen Kirchen denken wir in diesem Jahr über Reformation und Musik nach, weil Martin Luthers reformatorische Gedanken sich mehr durch seine Lieder als durch seine Schriften verbreitet haben. Und wie wunderbar, ein Paul Gerhardt-Lied mit Inbrunst singen zu können. Für wie viele Menschen ist Johann Sebastian Bach der fünfte Evangelist. Wenn heute viel nach Spiritualität gefragt wird, können wir sagen: Im Singen erfahren wir Gottes Nähe und Trost durch die Worte anderer, wenn wir keine Worte finden! Spiritus, der Geist Gottes, zeigt sich im Singen. Religion bleibt nicht Wort, sondern wird erlebt, wir spüren Nähe zu Gott, erleben Gemeinschaft.

»Auf böse und traurige Gedanken gehört ein gutes, fröhliches Lied und freundliche Gespräche«, sagte der Reformator Luther. Ein Lied kann uns also Mut machen, Kraft geben, stärken. Wenn wir nicht mehr weiter wissen, traurig sind oder auch vor Freude platzen. Aber die Deutschen singen nicht mehr! Vor einiger Zeit titelte der Spiegel: »Das Jaulen der Trauerklöße. Die Deutschen verlernen das Singen.« Wie wahr, können wir in diesen Lamentogesang nur einstimmen. Bei manchem Stadiongesang graust es einen. Und Musikunterricht ist ein Fach, das immer wieder von Ausfall bedroht ist. So wunderbar viele Menschen in Chören singen und auch musizieren – Allgemeingut ist Singen nicht mehr. Inzwischen wird darauf hingewiesen, dass die Folgen verkümmerter Stimmbänder bei Kindern und Jugendlichen in Deutschland messbar sind,[8] Und so wunderbar wir heute hier im großen Kreis singen, so oft erleben wir doch auch in der Kirche, dass Singen leiser wird, wenn kein Chor anwesend ist und die Gemeinde klein. Da denke ich an manche Trauung. An einen Kollegen, der begonnen hat, bei Trauerfeiern CDs abzuspielen, weil niemand mehr singen kann. Und ich erinnere mich gut, dass meine Tochter mir bei einem Gottesdienst zuflüsterte: »Mama, sing doch nicht so laut, das ist ja peinlich!« Da wurde klar: Ich war fast die Einzige, die sang, außer dem Pastor …

Singen wir also! Geben wir Töne von uns. Loben wir Gott gemeinsam! Bloß keine Angst, dass es schief herauskommen könnte! Denn es kommt offenbar gar nicht auf Wohlklang an. Forschungen haben erwiesen: »Wer unter der Dusche singt, stärkt sein Immunsystem – egal, ob er zu schiefen oder lupenreinen Tönen neigt.«[9] Und um wie viel mehr gilt das für den Gottesdienst! Menschen, die singen, sind nachgewiesenermaßen psychisch und physisch gesünder. Und Gott wird sich an einem Misston gewiss nicht stören, wenn wir ihn nur loben.

Vor Kurzem habe ich ein Altenheim besucht. Dort singen Kinder gemeinsam mit Demenzkranken. Es war ein wirklich vergnüglicher Nachmittag. Und ich habe gestaunt! Je länger wir zusammensaßen, desto mehr Lieder fielen den alten Menschen ein. Es waren Lieder ihrer Kindheit wie »Wer will fleißige Handwerker seh'n« oder »Wenn alle Brünnlein fließen«. Und Lieder ihrer Jugend wie »Muss i denn, muss i denn zum Städele hinaus« oder auch »Wien, Wien, nur du allein«. Wir bekamen viele Strophen zusammen, es wurde immer lebhafter und lebendiger. Allein das Wiener Lied schien manche wunderbare Erinnerung wach werden zu lassen. An welche Lieder, habe ich mich gefragt, werden die Jungen von heute sich gemeinsam erinnern, wenn sie einst demenzkrank alt sind …

Vom Geist der Liebe

Für das Fest heute haben Sie das Thema »Der Ton macht die Musik« und ein Pauluswort ausgesucht. So sehr viel sagt Paulus über das Singen nicht. Aber er sagt etwas Entscheidendes über die Haltung eines Christenmenschen: *Wenn ich mit Menschen- und mit Engelszungen redete und hätte die Liebe nicht, so wäre ich ein tönendes Erz oder eine klingende Schelle.* (1. Kor 13,1)

Was heißt das eigentlich? Ich kann noch so großartig reden, wie ein Engel gar, aber ohne die Liebe bleibt es hohl. Wie »Blech«

reden, wie Erz, das Ton von sich gibt, hohl, wie der Klang einer Schelle. Was immer ich tue, wie immer ich rede – die Frage ist, ob es aus Liebe geschieht. Noch so groß können meine Erkenntnisse sein, sie sind nicht relevant ohne Liebe. Erkenntnis wozu? Selbst wenn ich alle meine Habe den Armen gebe, ohne Liebe bedeutet das nichts, sagt Paulus. Bleibt es Show oder kommt es von Herzen? Geht der Apostel da nicht ein bisschen weit? Sein *Hohelied der Liebe* ist sein wohl poetischster Text. Oft ist er schwer zu lesen, der Apostel, etwa wenn er kompliziert theologisch darlegt, was Gesetz und Evangelium bedeuten – im Römerbrief etwa. Oft ist er auch schwer zu verstehen, etwa wenn er meint, das Weib solle schweigen in der Gemeinde. Aber hier gehen irgendwie die Pferde mit ihm durch. Er schwärmt geradezu von der Liebe. Sie erträgt alles, sie glaubt alles, sie hofft alles, sie duldet alles. Du meine Güte, denken wir, das ist doch naiv, oder? War Paulus vielleicht selbst verliebt, da gerät ja so mancher in ganz neue Sphären des Denkens.

Ich denke, es geht Paulus um etwas ganz anderes. Es geht ihm darum, die Geister zu unterscheiden. Wes Geistes Kind sind wir in unserem Tun und Handeln, Reden und Singen? Wenn wir an Pfingsten vom Heiligen Geist sprechen, fällt es uns manchmal schwer, das zu erklären. 53 Prozent der Deutschen (emnid 2004) erklären, sie hätten keine Ahnung, was da gefeiert wird. So wie die Bibel vom Pfingstereignis erzählt, löst Gottes Geist in Menschen die Zunge. Sie wagen, von ihrem Glauben zu sprechen, sie finden Worte, die andere verstehen. Sie können verständlich machen, was Jesus Christus für sie bedeutet. Der Heilige Geist ist die Kraft, die Menschen antreibt, vom Glauben zu reden und im Glauben zu handeln.

Wenn wir vom Geist sprechen, ist das doch gar nicht so unverständlich heute. Wir fragen uns, welcher Geist wirkt bei einem Eurovision Song Contest in Baku angesichts der Menschenrechtslage in Aserbaidschan. Der Geist der Völkerverständigung, in dem die Veranstaltung einst ins Leben gerufen wurde? Oder ein schöner Schein, der die Ungeister von Menschenrechtsverletzung und Unterdrückung vernebeln soll? Welcher Geist herrscht in einer Stadt, die ihre Banken und Luxusgeschäfte verrammeln und verriegeln muss aus Angst vor Demonstranten – der Geist von Demokratie und Freiheit oder der Geist von Angst und Unrecht? Es geht darum, die Geister zu unterscheiden, kritisch zu sein – *krinein*, das griechische Verb meint unterscheiden.

Gottes Geist ist ein Geist der Liebe. Das ist keine romantische Verbrämung, kein hohles Geschwätz, kein oberflächliches vermeintliches Gutmenschentum. Es kommt darauf an, wie ich anderen begegne in meinem Reden und Tun. Sind sie Objekte, die ich mit Ideologie, Machtwillen, Verkaufsstrategie beeinflussen will? Oder sehe ich zuerst den Menschen, wende mich ihm zu, höre, bin bereit, mich einzusetzen? Wes Geistes Kind sind wir? Das ist eine äußerst kritische Frage, eine unterscheidende Frage an uns je persönlich, aber auch an unsere Gesellschaft. Wo ist der Geist der Liebe hier in Niedersachsen, wenn eine schwangere Frau abgeschoben wird, Mann und zwei Kinder hier bleiben, sie mit den beiden anderen in der Türkei leben muss? Wo ist der Geist der Liebe, wenn Geld verdient wird an Rüstungsexporten? Wo ist der Geist der Liebe, wenn es Rettungsschirme für Banken gibt, nicht aber für Menschen?

Liebe mag in der Zweierbeziehung manchmal blind machen. Aber Liebe ist nicht grundsätzlich naiv. Liebe ist relevant, sie ist mutig und ja, sie ist politisch. Wo ein Mensch sich vom Geist der Liebe bestimmen lässt, befindet er sich in einem Liebesdreieck: Gott über alle Dinge lieben und den Nächsten wie dich selbst. Das heißt, ich verantworte mein Tun und Lassen nicht allein vor meiner Familie, dem Arbeitgeber, der Partei, sondern vor Gott als höchster Instanz fühle ich mich rechenschaftspflichtig in meinem Tun und Lassen. Ich liebe meinen Nächsten, und zwar nicht nur die Netten und Sympathischen. Das ist leicht! Ich versuche auch die zu lieben, die mir nicht sympathisch sind – und das ist schwer! Aber es kann befreiend sein.

Als ich in mein Amt als Reformationsbotschafterin einge-
führt wurde, stand in der Schlange der Gratulanten einer, von
dem ich wusste, dass er nach meinem Rücktritt übelst über mich
abgelästert hatte – so etwas soll es geben, selbst in der Kirche.
Ich gab mir einen Ruck, schaute ihn an und dachte: »Okay, auch
du bist ein Kind Gottes!« Irgendwie ging es mir besser danach.
Vielleicht ist das auch der Schlüssel zum dritten Punkt, dich
selbst lieben, mit deinen Fehlern und Schwächen. Wenn Gott
dich schon liebt, wirst du dich doch wohl auch selbst lieben können. Das *Hohelied der Liebe* ist also keineswegs romantisch und
naiv. Es ist eine Lebensanweisung, die uns Orientierung gibt für
unser persönliches Leben, für unser Leben als Christinnen und
Christen in dieser Welt. Die Liebe gibt den Grundton vor.

Lieder stärken die Ökumene

Pfingsten feiern wir den Geburtstag der Kirche. Es ist ein besonderes, ein ökumenisches Fest. Es ist nicht der Geburtstag der
reformierten oder der römisch-katholischen, der lutherischen
oder der selbstständig-lutherischen, der orthodoxen oder der
baptistischen Kirche. Nein, Pfingsten war das Ereignis, an dem
deutlich wurde: Die Geschichte des Jesus von Nazareth endet
nicht mit seinem Tod. Es gibt eine Gemeinschaft, die von ihm
spricht, die seine Geschichte weitererzählt, die glaubt, dass er
lebendig als auferstandener Christus mitten unter ihr ist. Diese
Gemeinschaft ist die Kirche, die eine geglaubte Kirche in aller
Welt. Sie hat verschiedene Formen entwickelt, manchmal verzagen wir an ihr als Institution, manchmal ärgern wir uns über-
einander und uns gegenseitig. Aber unter all den Konfessionen
und Denominationen gibt es diese eine geglaubte Kirche. Auch
das feiern wir. Rund um den Globus.
  Oikumene, das meint nicht nur konfessionsübergreifend und
konfessionsverbunden, sondern den ganzen bewohnten Erd-

kreis, den *oikos*, das Haus Gottes. Da ist der Christ im Kongo zuallererst mein Bruder im Glauben und die Christin in Indonesien meine Schwester im Glauben. Es ist diese Ökumene, die uns aufstehen lässt gegen Rassismus und Menschenverachtung. Es ist diese Ökumene, die uns nicht blind macht gegen Unrecht und Gewalt. Es ist diese Ökumene, die Zeichen für die Einheit der Menschheit setzen will.

In ihr entstehen Melodien und Lieder der Freiheit der Kinder Gottes, die sich wehren gegen Ausgrenzung und Hass. In diesem Geist erklang in diesem Jahr am 26. April in Oslo ein norwegisches Volkslied, ein Kinderlied: »Kinder des Regenbogens« von Lillebjørn Nilsen. Der Massenmörder Anders Behring Breivik hatte gesagt, er hasse dieses Lied, es sei eine marxistische Irreführung, weil es für ein Miteinander in Frieden eintritt. Im Refrain des Liedes heißt es: »Zusammen werden wir, Brüder und Schwestern, als Kinder des Regenbogens und der grünen Erde leben.« Naiv werden manche sagen. Gutmenschentum andere. Als es 40 000 Menschen gemeinsam gesungen haben, war es ein Protestlied gegen einen Massenmörder. Ein Kinderlied als machtvolle Demonstration, als Eintreten für Vielfalt und Freiheit.

Lieder sind Ausdruck unseres Glaubens, sie trösten und ermutigen, helfen uns, Freud wie Leid auszudrücken. Es geht darum, wes Geistes Kind wir sind, ob in unserem Singen und Reden, Handeln und Tun Gottes Geist der Liebe erkennbar wird. Und gemeinsames Singen und Beten vereint uns über alle Trennungen der Konfessionen und Kontinente, Zeiten und Traditionen hinweg zu der einen Kirche Jesu Christi. Singen wir also gegen allen Ungeist und mit aller Liebe und Dankbarkeit zur Ehre Gottes.

Openair-Pfingstgottesdienst »Reformation und Musik«
am Stephansplatz in Hannover am 28. Mai 2012

Gott petzt nicht
oder: Wider die Leistungsreligion

Vor zwei Jahren war ich in den USA zum Schabbat in eine jüdisch-orthodoxe Gemeinde eingeladen. Im Gottesdienst wurde ein kleiner Junge beschnitten. Männer und Frauen waren durch eine Absperrung getrennt, wir schauten also aus der Ferne zu. Der Rabbiner nahm den Jungen auf den Schoß. Der für das Beschneiden ausgebildete Mann der Gemeinde öffnete die Windel, entfernte die Vorhaut. Der Säugling schrie, alle klatschten und freuten sich. Ein mir sehr fremdes Ritual. Als ich amerikanischen Freunden am nächsten Abend davon erzählte, habe ich gelernt, dass es in den USA bis in die Mitte des vorigen Jahrhunderts üblich war, jeden Jungen zu beschneiden, das war schlicht Routine in den Krankenhäusern. Jüdische und muslimische Eltern mussten explizit darum bitten, es nicht zu tun, um das Ritual in der Synagoge oder in der Moschee oder im Familienkreis durchzuführen. Heute werden die Eltern gefragt, ob sie zustimmen. Der durchschnittliche Amerikaner meines Alters ist beschnitten. Das war mir neu und überraschend, aber an den Apostel Paulus habe ich dabei nicht gedacht, obwohl ich über die Verse aus dem Galaterbrief, die heute Predigttext sind, schon oft gepredigt habe. Paulus schreibt an die Galater (5, 1–6):

> Zur Freiheit hat uns Christus befreit! So steht nun fest und lasst euch nicht wieder das Joch der Knechtschaft auflegen! Siehe, ich, Paulus, sage euch: Wenn ihr euch beschneiden lasst, so wird euch Christus nichts nützen. Ich bezeuge abermals einem jeden, der sich beschneiden lässt, dass er das ganze Gesetz zu tun schuldig ist. Ihr habt Christus verloren, die ihr durch das Gesetz gerecht werden wollt, und seid aus

der Gnade gefallen. Denn wir warten im Geist durch den Glauben auf
die Gerechtigkeit, auf die man hoffen muss. Denn in Christus Jesus
gilt weder Beschneidung noch Unbeschnittensein etwas, sondern der
Glaube, der durch die Liebe tätig ist.

Interessant, wie das Thema Beschneidung durch ein einziges Gerichtsurteil[10] auf einmal ganz konkret, ja brisant geworden ist. Es zeigt sich erneut: Die Texte der Bibel sind nie ausgelesen, sie erzeugen immer wieder neue Relevanz und Aktualität.

Aber schauen wir erst einmal, in welcher Situation Paulus schreibt. Es gab Streit in der frühen Kirche, der Galaterbrief stammt aus dem Jahr 55, wurde also nur rund 22 Jahre nach dem Tod Jesu geschrieben. Keine lange Zeit eigentlich, weniger als die Maueröffnung jetzt zurückliegt. Aber wir wissen sehr wohl, wie intensiv in so wenigen Jahren diskutiert werden kann, allein schon die Erinnerung ist verschieden. Von Anfang an also wurde um den Glauben gerungen, gab es Differenzen und Auseinandersetzungen um den richtigen Weg. Fast schon beruhigend, denke ich, der Streit um die Wahrheit ist offenbar Teil christlicher Gemeinschaft. Es ging darum, ob jemand erst Jude werden müsse, um Christ zu werden. Paulus war vehement dafür eingetreten, dass Menschen aus allen Völkern durch Jesus Christus den Weg zu Gott finden können. Sie müssen dafür keine Vorleistung bringen, auch nicht erst zum Judentum konvertieren und das als Männer durch Beschneidung dokumentieren. Auch die jüdischen Speisegebote müssen aus seiner Sicht nicht befolgt werden. Paulus ist überzeugt: Es gibt keine gesetzlichen Vorleistungen für den Glauben. Einige aus der Jerusalemer Gemeinde, darunter Jakobus und Petrus, waren offenbar anderer Ansicht, obwohl man sich im »Apostelkonvent« im Jahr 48 darauf geeinigt hatte, dass es keine Auflagen geben könne für Menschen, die zum Christentum konvertieren. In dieser Situation argumentiert Paulus vehement für die Freiheit. Drei reformatorische Themen sind hier angesprochen:

Freiheit

Zuallererst geht es Paulus darum, dass für den Glauben die Frage der Beschneidung absolut zweitrangig ist. Für den christlichen Glauben wohlgemerkt, dies kann kein Urteil darüber sein, wie Juden oder Muslime empfinden oder zu empfinden haben. Paulus ist überzeugt, dass es keine Voraussetzungen geben kann, zum Glauben zu finden. Niemand muss erst dies oder das leisten, um vor Gott bestehen zu können. Gottes Lebenszusage gilt. Da ist nicht der strafende alte Mann, der mit erhobenem Zeigefinger auf die Menschen schaut und mit Höllenqualen droht dem Mann, der versagt, der Frau, die scheitert. Nein, auch im Scheitern, mit all unseren Problemen und Fragen, auch mit Versagen und Schuld dürfen wir vor Gott treten. Christlicher Glaube ist keine Leistungsreligion. Es geht um die Lebenszusage, dass Gott mich ansieht und den Sinn meines Lebens schon bestimmt, bevor ich irgendetwas tun kann. Das bezeichnen wir als »Gnade«. Darum beispielsweise taufen wir Säuglinge, weil so deutlich wird: Auch wenn ich noch gar nichts tun oder leisten kann, bin ich von Gott in Liebe angenommen.

Es war diese Erkenntnis, die für das theologische Denken Martin Luthers den entscheidenden Durchbruch anbahnte: *Zur Freiheit hat uns Christus befreit!* Freiheit ist der Grundbegriff der Reformation. Luther hat eine ungeheure innere Freiheit erfahren, als ihm klar wurde, dass weder Papst noch Kaiser, weder Sünde noch Gesetze ihn von Gott trennen können. In dieser Überzeugung konnte er hier in Worms vor den Reichstag treten. Gott ist schon da. Gottes Hand ist schon ausgestreckt. Von der Bibel her hat Luther dieses Gottesverständnis entwickelt. Deshalb ist für uns als Evangelische das »sola scriptura«, die Schrift allein, von so zentraler Bedeutung. Es geht Luther darum, nicht einen von der Kirche schon reflektierten, in Bahnen und Dogmen gelenkten Glauben zu übernehmen, sondern die Menschen mündig werden zu lassen. Selbst nachlesen dürfen sie, Schulen hat er gegründet, ein Bildungsvorgang ungeheuren Ausmaßes wurde in Gang gesetzt.

Der Gedanke der Freiheit war und ist für die Kirche der Reformation von zentraler Bedeutung. In seiner Schrift »Von der Freiheit eines Christenmenschen« hat Martin Luther das auf bis heute bemerkenswerte und anregende Weise ausgeführt. Die Spannung zwischen seinem Satz »Ein Christenmensch ist ein freier Herr über alle Dinge und niemand untertan« und dem anderen »Ein Christenmensch ist ein dienstbarer Knecht aller Dinge und jedermann untertan« ist dabei wegweisend. Die Freiheit eines Christenmenschen ist einerseits ganz ohne Voraussetzung. Schlicht geschenkte Freiheit. Und doch ist sie nicht ohne Folgen. Diese Freiheit berührt zuallererst Glaubensfragen, jeder Zwang wird hier abgewehrt. Daraus entsteht die Freiheit des Gewissens, die sich dann als verantwortliche Freiheit im persönlichen und öffentlichen Leben umsetzt. Freiheit im evangelischen Sinne ist deshalb nie der Libertinismus, mit dem Freiheit heute allzu oft verwechselt wird, sie ist nie die Banalisierung und Trivialisierung von Werten und Standpunkten. Nein, um Verantwortung geht es und um Bindung an Gottes Wort. Freiheit im evangelischen Sinne ist deshalb auch nie liberal im Sinne von absoluter Individualität, sondern sie weiß sich bezogen auf Gemeinschaft.

Luthers Freiheitsbegriff hat in der Tat zu mancher Freiheit heute geführt. »Freiheit, Gleichheit und Brüderlichkeit« als Schlagworte der Französischen Revolution haben im Gedanken der Freiheit eines Christenmenschen durchaus Wurzeln. Selbst denken, selbst urteilen, Meinungs-, Rede- und Gewissensfreiheit – das sind reformatorische Errungenschaften, die gerade in ihrer Entwicklung durch die Aufklärung manches Mal durchaus gegen die Institution Kirche erkämpft werden mussten.

Was ein solches Gottesbild bedeutet, begreifen schon Kinder. Es gibt die schöne Geschichte von einem Pfarrer, der sich maßlos ärgert, wie ständig Äpfel vom Baum im Pfarrgarten gestohlen werden. Er stellt ein Schild auf: »Gott sieht alles!« Da ist er, der drohende, strafende Gott. Die Kinder hatten offenbar guten Religionsunterricht. Sie schreiben darunter: »Aber Gott petzt nicht!« Ein schönes Bild. Gott sieht alles, in der Tat. Vor Gott können wir nicht verbergen, wer wir sind und was wir tun. Aber Gott hält und trägt uns, auch da, wo wir Gebote überschreiten. Nein, eine Aufforderung zum schlechten Tun ist das gewiss nicht. Aber eine Ermutigung, hinzuschauen, wo wir scheitern und schuldig werden. Und immer wieder neu anfangen dürfen. Wie schrieb Martin Luther in einem Brief an Philipp Melanchthon 1521: »Esto peccator et pecca fortiter, sed fortius fide et gaude in Christo ...!« – »Sei ein Sünder und sündige kräftig, aber vertraue noch stärker und freue dich in Christus ...!«

Streit um die Wahrheit

Beschneidung ja oder nein – es geht ja in der Tat um eine Frage, die in der aktuellen Diskussion nicht so leicht zu entscheiden ist! Hier ist das Kindeswohl, das wir zu achten haben. Da die Religionsfreiheit, die bitter erkämpft wurde. Hier die Aussagen von Kinderärzten, die Traumatisierungen dokumentieren. Da die Frage, ob Juden und Muslime ihre Rituale nach eigener Tradition praktizieren können. Es ist heikel, zu argumentieren, und sofort schlagen die Emotionen hoch. Wie urteilen?

Nein, diese Predigt wird keine Antwort liefern. Christliche Ethik kennt diese Argumentationsdilemmata. Und der reformatorische Glaube gibt in ethischen Fragen gerade nicht als Dogma vor, was der einzelne Christ zu glauben hat, welche Position für eine einzelne Christin die allein vertretbare wäre. Er hält vielmehr die Differenz aus.

Das führt zu einem Vorwurf, der den Evangelischen oft gemacht wird: nicht eindeutig genug. Da klingt schon Thomas Müntzer im Ohr, der Luther ein »Sanftleben aus Wittenberg«

beschimpfte, weil er nicht klar genug auf den Seiten der Bauern stand. Und das kennen wir doch auch in unserer Zeit: Afghanistaneinsatz: ja oder nein? Homosexuelle Lebenspartnerschaften im Pfarrhaus: ja oder nein? Präimplantationsdiagnostik: ja oder nein? Oder: Asyl für Sinti und Roma aus Südosteuropa: ja oder nein? Kaum ist ein ethisches Thema auf dem Tisch, gibt es heftigste, auch emotionale Debatten und unterschiedliche Schlussfolgerungen, was denn für die Evangelischen eine Haltung sei.

Die Reformation legt die Entscheidung nicht in die Hand von Dogmen, Kirche, Bischöfen oder einer Glaubensinstanz. Nein, das einzelne Gewissen soll geschärft werden. Ich muss, ich soll selbst denken! Und dann die Entscheidungen verantworten, die ich fälle. Luther übersetzte die Bibel in die deutsche Sprache, damit Menschen selbst lesen können. Im Brief an den christlichen Adel deutscher Nation forderte er die Fürsten auf, Schulen für alle, Volksschulen zu gründen, damit jeder Junge und jedes Mädchen lesen lerne. Die Reformation war auch eine Bildungsinitiative. Und das gilt doch auch heute: Du bist gefragt! Lass dir nichts vorsetzen!

Den »Streit um die Wahrheit« aushalten, das ist Bestandteil evangelischer Lehre. Und die Verschiedenheit der Position zu ertragen, das ist Realität in den evangelischen Kirchen der Welt. Es ist nicht immer leicht, damit umzugehen. Einfacher ist es schon, wenn die Antwort mir vorgelegt wird. Da muss ich nicht mehr viel fragen. Leichter ist es auch, wenn ich mich nicht der Kritik anderer stellen muss, denn wer einen Standpunkt vertritt, macht sich angreifbar. Da ist so manchem Ruhe lieber und so manches kirchliche Statement wird so lange abgewogen, bis es keine Angriffsfläche mehr zeigt. Reformatorischer Glaube heißt auch, es wagen, eine Position zu beziehen. Und es wagen, sie vielleicht verändern zu müssen, weil ich neue, andere Einsichten gewinne.

Unsere Kirchen werden daher manches Mal für allzu bunt und vielfältig, gar wankelmütig gehalten. Das ist ein großes

Missverständnis! Vielfalt ist das größere Wagnis gegenüber Vereinheitlichung. Es ist der Mut, zu erkennen, dass Glaube immer wieder neu gelebt werden muss. Denn das zeigt uns doch die Bibel selbst: Diejenigen, die in ihr den Glauben bezeugen, haben durchaus unterschiedliche Positionen. Aber es ist der eine Glaube. Und Gott selbst kann sich verändern, kann wie im Buch Jona den Vernichtungswillen gegenüber Ninive zurücknehmen. Kann Ohnmacht erfahren im Kreuzestod Jesu. Kann Menschen, die irren und zaghaft sind, wie Petrus und auch Paulus, seine Botschaft anvertrauen.

Toleranz

Lateinisch *tolerare* heißt ertragen. Aber muss alles ertragen werden? Müssten wir nicht manches Mal »auf den Putz hauen«? Luther hätte es doch gewiss getan ...

Nein, für eine Position der Toleranz können wir Martin Luther nicht heranziehen, die ersten Reformatoren insgesamt nicht. Luther wetterte gegen die Papisten, die Juden, die Türken auf eine uns heute unerträgliche Weise. »politically correct« war das keinesfalls. Aber die Kirche der Reformation sollte sich ja ständig weiter reformieren. Und so haben wir begriffen, dass allzu heftiges Selbstbeharren nicht zum Frieden führt, dass Konfessionskriege gar die biblische Botschaft verdunkeln. Die Reformatoren haben beispielsweise die Täuferbewegung geradezu verraten. Und allzu lange hat es gedauert, bis es endlich zu einer Versöhnung mit den Mennoniten kam, die die Täuferbewegung als ihre geistlichen Vorfahren sehen. 2010 bat der Lutherische Weltbund um Vergebung für die Verfolgung der sogenannten Wiedertäufer im 16. Jahrhundert, auch dafür, dass das erlittene Leid später vergessen und ignoriert, ja manches Mal auf geradezu verletzende Weise dargestellt wurde. Diese Bitte um Vergebung wurde in einem Bußgottesdienst angenommen –

ein bewegender Akt der Versöhnung über die Geschichte der Jahrhunderte hinweg.

Toleranz heute aber ist die größte Herausforderung mit Blick auf den Dialog der Konfessionen, der Religionen und auch der Kulturen. Die Geschichte eines Baumes gibt da Hoffnung. Letzten Monat war ich auf dem Gelände der Gedenkstätte für die Opfer der Anschläge vom 11. September 2001 in New York. Wo einst die Türme der Twin Towers standen, rauschen in die Grundrisse hinein jetzt über neun Meter hohe Wasserfälle – ein auf gute Weise ruhiges Gedenken mitten in der tosenden Stadt. Dazu wurden Hunderte Eichen gepflanzt. Zwischen ihnen steht eine einzelne chinesische Wildbirne, die als »Überlebensbaum« bezeichnet wird. Der Baum stand seit den 70er Jahren auf der Plaza des World Trade Centers, Arbeiter fanden den Stumpf während der Aufräumungsarbeiten. Er wurde in einem Park gesund gepflegt und steht heute auf dem Gelände des Gedenkens.

Ein Symbol der Hoffnung. An diesem Ort trauern Menschen aller Nationen, verschiedenster Herkunft, unterschiedlicher Religion. Es ist ein Ort, an dem wir studieren können: So einfach ist es nicht mit dem »DIE« und »WIR«. Toleranz meint zum einen nicht Gleichgültigkeit nach dem Motto, jeder Mensch möge nach der eigenen Façon selig werden. Das heißt: Toleranz bedeutet Interesse am anderen, am Gegenüber, etwa an der anderen Religion oder auch am Nicht-Glauben. Und: Toleranz heißt nicht Grenzenlosigkeit. Wahre Toleranz wird ihre Grenze an der Intoleranz finden. Das heißt, Toleranz bezeichnet keine statische Haltung, sondern sie meint ein dynamisches Geschehen auf Gegenseitigkeit.

Tolerare, Verschiedenheit ertragen, darum geht es schon Paulus. Die Kirche der Reformation ist da in die Irre gegangen, wo sie das aus den Augen verloren hat. Etwa in Luthers Judenschriften – es ist schwer, sie heute zu lesen. Da ist er einen fatalen Irrweg gegangen und hat die Kirche, die sich nach ihm benannt hat, auf einen entsetzlichen Pfad gelenkt. In der Zeit des Nationalsozialismus hat sich das im Versagen mit Blick auf den Schutz der Menschen jüdischen Glaubens in Deutschland auf grauenhafte Weise gerächt. So ist es gut, wenn wir heute ein Themenjahr »Reformation und Toleranz« eröffnen. O ja, das wird Streit und Auseinandersetzung geben. Zwischen Konfessionen und Gemeinden, mit Blick auf Theologie und Kirchengeschichte, gewiss auch mit Blick auf aktuelle Fragen wie die Beschneidungsdebatte. Aber das ist gut evangelisch, nein gut christlich, dieses Ringen um die Wahrheit. Der Brief des Apostels Paulus an die Galater macht deutlich: Das war so. Von Anfang an. Wir stehen also in guter Tradition. Wagen wir die Debatte, ja den Streit um die Wahrheit!

Eröffnung Themenjahr »Reformation und Toleranz«
in Worms am 31. Oktober 2012 (Galater 5,1–6)

Gerechtigkeit und Frieden als Geschwister

1526, ein Jahr nach dem Bauernkrieg also, schreibt Martin Luther an den Ritter Assa von Kram einen seit längerer Zeit erbetenen Text mit dem Titel »Ob Kriegsleute auch in seligem Stand sein können«[11]. Bei einem Aufenthalt in Wittenberg hatte der Ritter diese Frage offenbar an den Reformator gestellt, weil er selbst sich in Gewissensnöten sah. Eine schwierige Frage bis heute. Und damit ein treffliches Denkfeld für die Predigtreihe »Umsturz«, die Martin Luther im Rahmen des Themenjahres Reformation und Politik in einen Dialog mit aktuellen Fragen bringen soll. Ich möchte das Thema in drei Aspekten aufgreifen.

Kriegsdienst und seine Verweigerung

Kann der Christ Soldat sein, die Christin in der Armee dienen, ohne den Glauben an Jesus Christus zu verleugnen? Luther beantwortet diese Frage in seinem Schreiben mit einem klaren Ja. Und er begründet seine Haltung mit seiner berühmten Unterscheidung von Amt und Person:

»Man darf beim Soldatsein nicht darauf sehen, wie man tötet, brennt, schlägt und gefangen nimmt usw. Das tun die ungeübten, einfältigen Kinderaugen, die dem Arzt nicht weiter zusehen, als wie er die Hand abnimmt oder das Bein absägt, aber nicht sehen oder bemerken, dass es um die Rettung des ganzen Körpers geht. Ebenso muss man auch dem Amt des Soldaten oder des Schwertes mit männlichen Augen zusehen, warum es so tötet und grausam ist. Dann wird es selber beweisen, dass es ein durch und durch göttliches Amt ist und für die Welt so nötig und nützlich wie Essen und Trinken oder sonst ein anderes Tun. Dass aber einige dieses Amt missbrauchen, ohne Grund töten und schlagen, aus lauter Mutwillen, ist nicht die Schuld des Amtes, sondern der Person.«

Das Amt und die Person! Ist das die hilfreiche Antwort auf eine ethisch zutiefst bewegende Herausforderung? Die Frage nach dem Kriegsdienst war stets relevant für diejenigen, die Jesus Christus nachfolgen wollten. *Selig sind, die Frieden stiften*, verkündigt er in der Bergpredigt. Und: *Steck das Schwert an seinen Ort*, hat er im Garten Gethsemane gesagt, als die Seinen ihn schützen wollten vor der Verhaftung, vor Folter und Tod. Und doch leisteten Christen den Dienst an der Waffe meist mit der Überzeugung, für die gute Sache Gottes einzutreten. Geschichtlich war Kriegsdienstverweigerung bis in die Neuzeit ohnehin gar kein Recht. In der Reformationszeit entstanden aber im deutschsprachigen Raum christliche Gruppen, gerade im Bereich der Täuferbewegung, also Mennoniten oder später auch Quäker, die genau dies als eine Entscheidung ansahen, die dem urchristlichen Erbe entsprach. Meist mussten sie aber um ihrer Gewaltfreiheit willen auswandern.

Erst im 19. Jahrhundert wurde Kriegsdienstverweigerung zum politischen Ziel und zwar durch die wachsende europäische Arbeiterbewegung – daran sei an einem europäischen Wahlsonntag[12] erinnert! So rief Rosa Luxemburg am 24. September 1913 bei einer SPD-Kundgebung Tausenden zur Demonstration versammelten Menschen zu: »Wenn uns zugemutet wird, die Mordwaffe gegen unsere französischen oder anderen Brüder zu erheben, dann rufen wir: ›Das tun wir nicht!‹« Sie wurde dafür zu einer Gefängnisstrafe verurteilt. In der Zeit des Nationalsozialismus drohte Kriegsdienstverweigerern die Einweisung in ein Konzentrationslager. Von den 8000 Kriegsdienstverweigerern, die bis 1945 registriert wurden, waren 6000 Zeugen Jehovas, 1200 von ihnen starben. In Westdeutschland mussten sich nach der Wiederbewaffnung Kriegsdienstverweigerer demütigenden Gewissensprüfungen unterziehen. In Ostdeutschland hatten sie als Bausoldaten schwere Nachteile zu erdulden. Pazifisten galten und gelten immer wieder als Spinner oder Realitätsverweigerer – auch in ihren Kirchen. Und doch wurden die Pazifisten immer wieder geliebt, ja gefeiert. Ich denke an Martin Luther King, der bis zuletzt, bis kurz vor seiner Ermordung, dabei blieb, dass die Gewalt des Rassismus nicht mit Gewalt bekämpft werden könne. Bis heute ist er Symbol für eine christliche Haltung des Pazifismus.

Luther ist dagegen eher der Pragmatiker. Das Amt des Soldaten ist notwendig, um Frieden zu schaffen. Die Person als Christ – eine Soldatin konnte er sich gewiss nicht vorstellen – wird dadurch nicht infrage gestellt. Allerdings – und hier kommt die Gewissensfrage bei Luther auf den Plan – kann auch der Soldat das eigene Urteil nicht einfach in der Kommandostruktur abgeben: »Was wäre, wenn mein Herr unberechtigt Krieg führte? Die Antwort: Wenn du sicher bist, dass er unrecht hat, so sollst du Gott mehr fürchten und gehorchen als den Menschen, Apostelgeschichte 5, 29, und sollst nicht mitkämpfen noch dienen, denn du kannst ja kein gutes Gewissen vor Gott haben.« Insofern denke ich: Nicht nur der Obrigkeit untertan sein, wie Paulus schreibt, sondern Gott mehr gehorchen als den Menschen. Da muss das Einzelgewissen abwägen, was zu verantworten ist vor Gott und den Menschen, das weiß auch Luther.

Luther und der Krieg

Luthers Haltung zum Bauernkrieg hat seiner Popularität 1525 schwer geschadet. Andererseits wurde Martin Luther selbst immer wieder für das Verhalten der Bauern verantwortlich gemacht. In seiner »Ermahnung« zum Frieden von 1525 verteidigt er noch das Verhalten der Bauern. Er schreibt: »Es sind nicht

Bauern, liebe Herren, die sich gegen euch stellen: Gott ists selbst, der sich gegen euch stellt, eure Wüterei heimzusuchen«[13], und er mahnt: »Fangt nicht Streit mit ihnen an [...]. Versuchts zuvor gütlich [...] verliert ihr doch mit der Güte nichts.«[14] Noch im selben Jahr allerdings verfasste Luther seine Schrift »(Auch) Wider die räuberischen und mörderischen Rotten der (andern) Bauern«[15]. Darin schreibt er: »So soll nun die Obrigkeit getrost fortfahren und mit gutem Gewissen dreinschlagen, solange sie einen Arm regen kann.«

Luther bezieht sich auf den Apostel Paulus, der über die Obrigkeit sagt: *Denn sie ist Gottes Diener, dir zugut. Tust du aber Böses, so fürchte dich; denn sie trägt das Schwert nicht umsonst. Sie ist Gottes Dienerin und vollzieht das Strafgericht an dem, der Böses tut.* (Röm 13, 4) Luther geht es in dieser paulinischen Tradition um die Trennung des Weltlichen vom Göttlichen. Im Weltlichen ist der Obrigkeit zu gehorchen. »Denn er hat eine doppelte Herrschaft unter den Menschen aufgerichtet: eine geistliche, durch das Wort und ohne Schwert, wodurch die Menschen fromm und gerecht werden sollen, sodass sie mit dieser Gerechtigkeit das ewige Leben erlangen. Solche Gerechtigkeit bewirkt er durch das Wort, das er den Predigern aufgetragen hat. Die andere Herrschaft ist weltlich durch das Schwert, damit diejenigen, die nicht durch das Wort fromm und gerecht für das ewige Leben werden wollen, dennoch durch diese weltliche Herrschaft gezwungen werden, fromm und gerecht zu sein vor der Welt. Und solche Gerechtigkeit bewirkt er durch das Schwert.«

Diese Zwei-Reiche- oder auch Zwei-Regimenter-Lehre gehört zu den schwierigsten theologischen Konstrukten Luthers. Die einen legen sie gern so aus, dass damit gesagt sei: Evangelische, mischt euch gefälligst nicht in politische Fragen ein. Kümmert euch um das Eigentliche, nämlich um Verkündigung des Glaubens und Seelsorge. Das ist aber zu kurz gedacht! Luther selbst nimmt ja – wie auch in dieser Schrift – zu komplexen politischen und ethischen Fragen Stellung, indem er die Bibel zitiert.

Es kann keine Verkündigung geben, die ignoriert, wie sehr die Bibel das Gewissen fordert. Wenn es dort etwa heißt, dass wir unsere Feinde lieben sollen, ja beten sollen für die, die uns verfolgen, kann das nicht ignoriert werden in Debatten über Krieg und Frieden.

Zwei Regimenter kann nicht heißen, sie haben nichts miteinander zu schaffen. Es bedeutet, dass der Staat nicht in die Kirche hineinregieren darf, er hat in Glaubensfragen nichts zu sagen. Und es bedeutet, dass die Kirche nicht den Staat regieren kann. Aber sie darf sich äußern aus ihrer Sicht und muss sich nicht ins berühmte private stille Kämmerlein verbannen lassen! Auch das ist Lerngeschichte der Reformation: Wir bejahen die Trennung von Staat und Kirche. Doch das heißt nicht, dass wir ängstlich und stumm werden, was die Fragen unserer Gesellschaft und unserer Welt betrifft. Lutherisch wäre das gewiss nicht!

Wer Krieg anfängt – 100 Jahre nach 1914

Und noch einmal Luther aus seiner Schrift: »Wer Krieg anfängt, der ist im Unrecht, und es ist gerecht, dass er geschlagen oder doch zuletzt bestraft wird, welcher als erster das Messer zieht. Gemeinhin ist es auch so geschehen und zugegangen in allen Geschichten, dass die den Krieg verloren haben, die ihn anfingen, und ganz selten diejenigen geschlagen worden sind, die sich wehren mussten.« Wer Krieg anfängt, der ist im Unrecht. O ja, wir Deutschen haben diese Lektion in den vergangenen 100 Jahren bitter gelernt. Auch die deutschen Protestanten! Gewiss, es ist eine unter Historikern munter geführte Debatte, wer denn nun verantwortlich sei für den Kriegsbeginn 1914. Aber Kriegslust gab es!

In letzter Zeit habe ich einige sogenannte Berliner »Kriegspredigten« aus dem Jahr 1914 gelesen. Vor hundert Jahren etwa sagte am 2. August der Berliner Hof- und Domprediger Bruno

Doehring in einem Gottesdienst: »Ja, wenn wir nicht das Recht und das gute Gewissen auf unserer Seite hätten, wenn wir nicht – ich möchte fast sagen handgreiflich – die Nähe Gottes empfänden, der unsere Fahnen entrollt und unserm Kaiser das Schwert zum Kreuzzug, zum heiligen Krieg in die Hand drückt, dann müssten wir zittern und zagen. Nun aber geben wir die trutzig kühne Antwort, die deutscheste von allen deutschen: ›Wir Deutsche fürchten Gott und sonst nichts auf der Welt!‹«[16] Bei solcher Predigt graust es mir und ich habe keine Ahnung, wie der Kollege damals diese Kriegstreiberei mit dem Gott des Friedens, mit der Botschaft Jesu, mit dem Neuen Testament hat in Verbindung bringen können.

Aber wir können sagen: Es gibt eine Lerngeschichte unserer Kirche, eine Lerngeschichte der Reformation. Wenn wir in diesem Jahr das Schwerpunktthema »Reformation und Politik« bearbeiten, wird uns bewusst, wie stark der Wandel ist. War der Protestantismus vor hundert Jahren noch absolut dem Kaiser als Oberhaupt der Kirche verbunden und wurde später die Weimarer Republik vehement abgelehnt, so sind wir heute froh über die Trennung von Staat und Kirche und die jeweilige Freiheit, die das bringt. Der Protestantismus heute bejaht die Demokratie mit Meinungsfreiheit, Redefreiheit, Religionsfreiheit. Und er hat gelernt, dass es auch gilt, widerständig zu sein. Das haben uns diejenigen gelehrt, die aus Glaubens- und Gewissensgründen im sogenannten Dritten Reich Widerstand geleistet haben, als unsere Kirche mehrheitlich versagt hat und sich nicht schützend vor die verfolgten Juden, Sinti und Roma, Kommunisten und Homosexuellen stellte. Das haben uns aber auch diejenigen gelehrt, die in der DDR die Türen weit aufgemacht haben für freie Rede, Auseinandersetzung und Kritik, auch am Staat, und so eine friedliche Revolution möglich gemacht haben.

Gerade wenn wir heute an diesem Wahltag in Europa mit Bangen auf die Ukraine schauen, wo ebenfalls gewählt wird, ist es wichtig, die Stimme des Friedens zu erheben. Es kann doch nicht wahr sein, dass 100 Jahre nach dem Beginn des Ersten Weltkrieges und 75 Jahre nach Beginn des Zweiten Weltkrieges in Europa wieder Kriegsangst herrscht! Da haben wir anzumahnen, dass alle sich gemeinsam an einen Tisch setzen, dass gewaltfreie Lösungen für Konflikte gefunden und die Interessen in einen Ausgleich gebracht werden. Europa und gerade auch wir Deutschen wissen, welche Zerstörung Krieg mit sich bringt. Ich kann mir keinen Prediger und keine Predigerin vorstellen, die heute reden wie Doehring damals. »Frieden!« oder auch nach dem Vorbild der Friedlichen Revolution von vor 25 Jahren: »Keine Gewalt!« – das gilt es zu rufen, zu mahnen, zu erarbeiten. Wo wir das tun, folgen wir dem nach, der gesagt hat: *Selig sind, die Frieden stiften.* (Mt 5,9)

Friedrich Siegmund-Schultze schrieb schon 1910: »Jesu Stellung, ganz unabhängig von der Frage des Motivs, [ist] unverkennbar die: Wer das Schwert nimmt, soll durchs Schwert umkommen. Wenn aber dies Wort Jesu für unser Verhalten gegenüber seinen *Feinden* gilt, wie viel mehr muss der Krieg gegen *Freunde* Christ verboten sein! Wenn Christus selbst gegenüber seinen Feinden den Krieg nicht leiden mag, wie viel mehr ist es widerchristlich, gegen Mitchristen Krieg zu führen!«[17] Zwei entsetzliche Weltkriege musste er erleben! Aber heute können wir sagen, seine Vision ist in Europa Wirklichkeit geworden, wir führen nicht mehr Krieg gegeneinander als Konfessionen oder Nationen.

Manches Mal wird gefragt, was wir feiern können 2017. DAS können wir feiern: Wir sind weiter gekommen in der Auseinandersetzung Luthers um die Frage nach dem Kriegsdienst. Ja, Soldaten können ihr Amt ausüben um des Friedens willen. Da bleiben wir auf Luthers Spur. Aber im Zeitalter der Massenvernichtungswaffen fragen wir an, ob Krieg überhaupt ein Werkzeug Gottes sein kann. Allein der Blick auf Syrien lässt uns erschrecken und verstummen. Soll da Recht geschaffen werden? DA bleiben wir lutherisch: Weh dem, der Krieg beginnt! Aber wir sehen auch: Selbst wer Frieden will – Stichwort Intervention aus humanitären Gründen – wird verführt zum Unrecht. Krieg ist nicht *ultima ratio*, sondern im Krieg setzt die Vernunft aus – auf allen Seiten! Da wird mit der Wilhelm Gustloff ein Schiff mit 9000 Flüchtlingen an Bord versenkt. Da vergewaltigen serbische Männer ihre bosnischen Nachbarinnen. Da metzeln Hutu Tutsi in einer Kirche nieder. Da lassen argentinische Generäle Menschen zu Tode foltern und Kinder verschwinden. Da werden in Afrika Kinder zu Soldaten gemacht und dazu gezwungen, ihre eigenen Eltern zu töten, weil sie dann so besonders grausame Kämpfer werden. Krieg ist das Ende aller Vernunft. Krieg ist nicht die Fortsetzung der Politik mit anderen Mittel, sondern das Ende der Politik.

Mir ist sehr bewusst, dass ein Votum gegen den Krieg noch kein Freibrief ist nach dem Motto des Pilatus: Ich wasche meine Hände in Unschuld! Und ich habe in lutherischer Tradition hohe Achtung vor der Verantwortung des Einzelgewissens. Allerdings muss es sich auch um eine verantwortliche und reflektierte Haltung handeln vor Gott und den Menschen! Unsere Kirche tritt heute glasklar ein für das Recht auf Kriegsdienstverweigerung – auch das ist eine Lerngeschichte. In Deutschland ist die Wehrpflicht derzeit ausgesetzt. Ich habe vor einigen Jahren auf einer EKD-Synode dafür votiert, da Wehrgerechtigkeit schon lange nicht mehr gegeben sei. Das gab damals heftige Proteste. Als dann ein CSU-Minister die Wehrpflicht gegen nur geringfügigen Widerspruch aussetzte, dachte ich. Die Wege Gottes sind wahrhaftig unerforschlich! Freuen wir uns am Frieden in Europa. Lassen wir uns aber nicht »in die Verantwortungslosigkeit hineinschläfern«. Die Kriege der Welt in Syrien oder Zentralafrika, die Konflikte am Rande Europas in der Ukraine, die Waffenexporte aus unserem Land in Gebiete, die wahrhaftig nicht als Hort von Demokratie und Menschenrechten gelten – sie rufen uns auf, wachsam zu bleiben für die Fragen der Zeit. Das wäre im Sinne Luthers.

Schließen will ich mit Friedrich Siegmund-Schultze. Er hat 1946 formuliert: »Der Hass ist sicherlich eine der stärksten Mächte im Leben der Menschheit. [...] unsichtbar steht der Dämon des Hasses hinter dem, der die Bombe plant oder wirft. Und die Menschheit lässt sich wie stets in die Verantwortungslosigkeit hineinschläfern, die die Tat ermöglicht, die den Täter schützt, ja bewundert.«[18]

Wenn Europa den Friedensnobelpreis erhalten hat, kann es sich einerseits freuen am Frieden. Das aber ist auch Verpflichtung, den Blick auf die Menschen an den und außerhalb der Grenzen Europas zu richten. Frieden und Gerechtigkeit sind Geschwister! Wir dürfen uns nicht in eine »Verantwortungslosigkeit hineinschläfern« lassen! Die Erfahrungen der vergangenen 500 Jahre haben gezeigt: Krieg zerstört die Menschlichkeit – auf allen Seiten. Ja, Amt und Person sind zu unterscheiden. Ja, weltliche und kirchliche Obrigkeit sind zu unterscheiden. Ja, Soldatinnen und Soldaten können Christen sein. Aber sich für die Überwindung von Krieg einzusetzen, ist nicht naiv, sondern hoffnungsvoll. Mit Blick auf die Geschichte der Reformation können wir sehen, dass es sehr wohl manches Mal das deutlichere Zeichen war.

»Umsturz« – Predigtreihe zum Themenjahr
»Politik und Reformation« in Berlin am 25. Mai 2014

Bild, Bilder, Bildnis –
Gott bleibt ein Geheimnis

Vor einigen Jahren habe ich ein Frauenkloster in Russland besucht. Stolz zeigte uns die Äbtissin die ganze Anlage und auch die Landwirtschaft und erklärte, dass die meisten jungen Frauen, die hier arbeiten, in der Sowjetunion ohne Glauben aufgewachsen seien. Aber hier hätten sie Zugang zu Gott gefunden. Ich fragte, wie sie das unterstütze, würde sie etwa zusammen mit ihnen die Bibel lesen? Ach, sagte sie, das ist nicht nötig. Jede hat in ihrer Zelle eine Ikone. Wenn sie der in die Augen schaut, kennt sie die ganze Bibel und Christus selbst.

Es war einer dieser Momente, in denen mir klar wurde, wie lutherisch ich bin. Um das Wort geht es doch! *Solo verbo*, das Wort allein. Aus dem Wort Gottes, der Bibel, *sola scriptura*, kann ich erfahren, wer Gott ist. Die Gleichnisse Jesu erzählen mir davon, wie Gott ist. Und in den biblischen Erzählungen finde ich die Erfahrungen, die meine Mütter und Väter im Glauben mit Gott gemacht haben. Die Schrift, das Wort, das Ringen mit der Bibel, gebildeter Glaube, darum geht es den Reformatoren. Eine Ikone, das ist mir eher fremd. Das Bild kann doch nicht das Wort ersetzen, das Schauen nicht das Hören, das Versenken in den Anblick nicht das Ringen um den Text!

Im Alten Testament heißt es im zweiten Gebot: *Du sollst Dir kein Bildnis machen von Gott.* Die Scheu frommer Juden vor religiösen Bildern ging so weit, dass sie sogar den Namen Gottes mit vier unaussprechbaren Konsonanten umschrieben – nämlich *jhwh*. Sie wollten und wollen sich kein Bild machen, auch nicht durch einen geschriebenen und ausgesprochenen Namen. Die christliche Tradition zählt deshalb das Bilderverbot auch nicht als eigenes Gebot, sondern sieht es als Teil des ersten Gebotes: Keine anderen Götter verehren! Gott bleibt ein Geheimnis, unverfügbar für den Menschen – das drückt das Bilderverbot aus. Und doch müssen die Glaubenden ja irgendwie von Gott reden. Im hebräischen Teil der Bibel gibt es daher viele Umschreibungen Gottes: der Ewige, Schechina, der Name, die Lebendige, Ich-bin-da, die Eine, der Heilige.

Manche Menschen irritiert das. Aber in der Tat ist in der Bibel weder das Bild noch die Bezeichnung Gottes einheitlich. Es gibt viel mehr ein Ringen darum, wer Gott ist, wie wir Gott als Glaubende ansprechen können, ohne Gott festzulegen auf einen Namen oder ein Bild. Immer wieder fragen Menschen in den biblischen Geschichten nach Gottes Namen, wollen sich ein Bild machen. So auch, als Mose zum Anführer des Volkes Israel auf dem Weg aus der Knechtschaft in Ägypten in die Freiheit berufen wird. Mose fragt, was er denn sagen solle, wer ihn berufen habe. Da heißt es: *Und Gott sprach zu Mose: Ich werde sein, der ich sein werde.* (2. Mose 3, 14) Das zeigt sehr schön: Gott bleibt ein Geheimnis, das wir immer nur umschreiben können.

Martin Luther hat religiöse Bilder nicht abgrundtief verdammt. Aber er hat sie auf gewisse Weise versachlicht. Sein Fazit: Wir können ruhig, rational mit Bildern umgehen. Nein, sie sind nicht Gott. Nein, wir werden sie nicht anbeten. Nein, sie haben keine Wirkmacht über uns. Aber sie können anregen: die Fantasie, den Glauben, das Nachdenken über Gott und die Welt. Mir liegt daran, Glaube und Vernunft zusammenzuhalten. Deshalb teile ich gern Luthers Position: Wir müssen die Bilder nicht radikal zerstören! Es tut ja weh, wenn wir im Nachhinein bedenken, was der Bildersturm an Werken vernichtet hat. Wir können mit Luther Bilder wahrnehmen, anschauen als das, was sie sind: Darstellungen wichtiger Ereignisse oder Erzählungen in der je individuellen Interpretation der Künstler. Aber die Bilder selbst dürfen nie zu Gott und damit zum Götzen werden! Kunst und Kultur, Farben und Töne sind Teil des Glaubenslebens. Die

Evangelischen haben lange gebraucht, Spiritualität, die Erfahrbarkeit des Glaubens also, wieder zu entdecken. Glaube braucht das Wort, ja. Aber wie es im Johannesevangelium heißt: *Das Wort ward Fleisch*. Das heißt für mich, dieses Wort Gottes, das wir in Jesus Christus kennen, können wir auch spüren, sehen, riechen, tasten, erleben. Und da können Bilder eine Rolle spielen.

Es ist die Überzeugungskraft evangelischer Theologie in einer säkularen Welt, dass sie die Vernunft betont, gebildeten Glauben kennt. Aber es braucht auch die Erfahrbarkeit des Glaubens, damit Christenleben nicht eine reine Kopfsache bleibt, sondern die Emotionen, Gefühle, der gelebte Glaube seinen Ort findet. Es geht Martin Luther darum, die Bilder insofern abzuschaffen, als allein Christus im Zentrum des Glaubens stehen soll. Radikal auf Gott sollen wir uns konzentrieren. Damit ist er sehr nahe an dem, was das Bilderverbot des alten Israel im Sinn hatte. Die Menschen sollen sich keine Götzen erschaffen. Kein Goldenes Kalb, um das sie tanzen. Allein Gott sei die Ehre! Das hat auch einen Freiheitsaspekt. Luther sagt: Woran du dein Herz hängst, das ist dein Gott. Übrigens: Von meinem Besuch im Frauenkloster habe ich eine Ikone als Erinnerungsstück mitgebracht. Nun hängt sie im Flur, jeden Tag gehe ich mehrmals vorbei. Und manchmal fange ich an, sie zu grüßen. So ein Unsinn natürlich, sage ich mir. Dialog mit einer Ikone?

Bilder prägen uns. Es gibt Bilder, die wir alle gemeinsam nicht vergessen: Die Kinder in Vietnam, die mit Verbrennungen vor Napalmbomben fliehen. Willy Brandt, der auf die Knie fällt angesichts der Opfer des Warschauer Ghettos und der Schuld der Deutschen. Der Fall der Mauer und die ungeheure Euphorie, die das ausgelöst hat. Bilder können aber nicht nur prägen und Geschichte symbolisieren, sie sind auch verführerisch, weil wir uns dem Eindruck eines Bildes nur schwer entziehen können. Was ich mit eigenen Augen gesehen habe, muss doch wahr sein! Daher eignen sich Bilder auch so gut zur Lüge und zur Manipulation. Die Bilder, die 2003 präsentiert wurden, um den Krieg gegen den Irak zu legitimieren – wir wissen heute, dass sie ge-fälscht waren. O ja, Bilder können täuschen! Das wissen wir gerade in Deutschland sehr gut. Vor hundert Jahren Bilder von fröhlich marschierenden Soldaten 1914 – aber keine Bilder, die zeigten, wie entsetzlich das Gemetzel war auf den Feldern Flan-derns oder bei Verdun. Vor 75 Jahren Bilder einer siegesgewissen Großmacht – aber keine Bilder von jüdischen Kindern, die ge-demütigt wurden, von Konzentrationslagern und Gaskammern, von der grausamen Hinrichtung unschuldiger Menschen. Sie-gesbilder mag die Welt und sie können bitter täuschen, weil sie das Leid und das Grauen übertünchen wollen.

Gerade in unserer Zeit, in der wir medial geradezu überflutet werden, gibt es Bilder, die uns verfolgen, nicht mehr loslassen. Ertrinkende Flüchtlinge vor der Küste Europas. Mit dem Ebola-virus infizierte Menschen auf der Suche nach Hilfe in Liberia. Angesichts solcher Bilder fragen wir uns: Wo ist Gott? Und: Was kann ich denn tun, um einen Beitrag zu leisten für mehr Frieden in dieser Welt? Und gleichzeitig müssen wir wachsam sein. Pro-paganda nutzt gern das Bild, auch die Terrormiliz, die sich »Is-lamischer Staat« nennt. James Foley, der selbst Videoreporter im Krieg war, wurde vor laufender Kamera enthauptet. Er trug bei seiner Ermordung orangefarbene Kleidung wie die Häftlinge in Guantanamo. Platziert haben die Mörder das Bild auf Youtube – der Firmensitz liegt in den USA. Die IS wollte gezielt Empörung auslösen mit solcher inszenierten Brutalität und gleichzeitig Macht demonstrieren. Es gibt auch einen Krieg der Bilder. Ein Medientheoretiker sagt: »Bilder sind Munition, Kameras sind Waffen.«[19]

Es gibt auch wunderbare, individuelle Bilder. Schöne Bilder der Erinnerung, an die ich gern zurückdenke, die mich behei-maten. Wie schön, das Fotoalbum von der Hochzeit noch einmal anzuschauen. Die ganze Familie kam zusammen, eine glückli-che Stimmung. Es macht Spaß, Kinderbilder anzuschauen, sich zu erinnern: Da waren wir im Urlaub an der Ostsee. Das war das

Weihnachten, als ich einen Hamster geschenkt bekam. Bilder des Glücks und der Erinnerung, die uns lächeln lassen. Bilder auch verstorbener Menschen, die uns etwas bedeutet haben, die Geschichten, Erlebtes wachrufen können.

Schließlich sind da die Bilder, die wir gerne löschen würden. Nacktfotos von Prominenten tauchen plötzlich auf, weil Hacker ihren PC geknackt haben. Peinliche Fotos, die manche gern vergessen würden. Handyfotos, die andere ohne Erlaubnis gemacht haben und online stellen. Aber ein Bildersturm nutzt dir nichts bei Facebook. Einmal gepostet – immer im Netz.

Was bedeutet das nun für unseren Blick auf die Bilder unserer Zeit 500 Jahre nach dem Beginn der Reformation? Zum einen: Bilder sind mächtig heute wie damals, wenn auch noch auf ganz andere Weise in Zeiten von Fotografie, bewegtem Bild und Internet. Und auch heute gilt es, Bildern nicht so viel Macht zu geben, sich nicht von ihrer Suggestivkraft hinreißen zu lassen. Luthers nüchterner Umgang mit der Bilderfrage zu seiner Zeit ist auch für uns heute hilfreich. Es gilt, Nachdenken, Vernunft walten zu lassen angesichts der enormen Magie und Überzeugungskraft von Bildern. Kritischer Geist ist gefordert! Aber auch heute dürfen uns Bilder anrühren, sie sind ein Kulturgut, das wir schätzen. Der große Besucherstrom bei Ausstellungen zeigt das. Ein Leonardo da Vinci, eine Frida Kahlo, ein Paul Klee, eine Paula Modersohn-Becker – sie begeistern viele Menschen weit über ihre Lebenszeit hinaus. Denn Bilder geben auch Lebensweisheit weiter. Sie können vom Glauben erzählen. Sie können uns anrühren. Und manches Mal vertiefen Bilder, vertieft unser Schauen, was das Wort sagt.

So segne Gott uns die Bilder und halte in uns einen kritischen Geist wach gegen die Verführbarkeit durch sie.

Predigt zur Eröffnung des Themenjahres
»Bild und Bibel« in Hamburg am 31. Oktober 2014.

Schweigt Gottes Geist?

Mit dem Ruf *Komm nach Mazedonien und hilf uns* beginnt die Globalisierungsgeschichte des Christentums. Es ist keine neumodische Erscheinung, sondern ein Kennzeichen des christlichen Glaubens, dass er Menschen in aller Welt erreichen will.

Schauen wir erst einmal, wie alles begann: Der Apostel Paulus hatte im Ringen mit den Aposteln in Jerusalem bereits einen entscheidenden ersten Durchbruch errungen. Der Glaube an Jesus Christus sollte nicht nur Jüdinnen und Juden zugänglich sein, sondern sich offen zeigen für alle Menschen. Das war eine fundamentale Entscheidung, die wir heute gar nicht mehr so recht nachvollziehen können. Aber als sich nach dem Tod Jesu und der Erfahrung der Auferstehung erste Gemeinden bildeten, war die Frage brisant: Gehören allein Menschen jüdischen Glaubens zu dieser Bewegung, oder gilt Gottes gute Nachricht für alle? Schon Jesus selbst fiel es zunächst schwer, sich zu öffnen. Eine Frau aus der damaligen römischen Provinz Syrien war es, die ihm zu einer neuen Blickrichtung verhalf. Er sagte, er sei nur zu den *verlorenen Schafen Israels* gesandt. Da meinte sie, die Hunde würden doch auch Brotkrumen essen, die vom Tisch der Herren fallen. Ihr Glaube hat Jesus beeindruckt und überzeugt: Gott meint alle Menschen.

Petrus macht einen ähnlichen Prozess durch. Bei ihm ist es ein römischer Hauptmann, der ihm klar macht: Die Botschaft des Jesus von Nazareth bringt Heil und Heilung für alle Menschen. So erlaubt das Apostelkonzil in Jerusalem schließlich Paulus eine vorbehaltlose Verkündigung unter allen Menschen. Und schnell verbreitet er die Botschaft. Seine erste sogenannte Missionsreise dauert 15 Jahre, die zweite und dritte je etwa acht Jahre. Unterwegs trifft er auf den jungen Timotheus. Er verkörpert schon die neue Generation, seine Eltern sind jüdischer und griechischer Abstammung, aber beide Christen. Diese Begegnung muss für Paulus ungeheuer ermutigend gewesen sein, da zeigen sich doch Erfolge all der Mühen. Umso besser, dass Timotheus Paulus nun begleitet, der junge begeisterte und der alte erfahrene Mann – ein gutes Team. Alles läuft großartig. Die Menschen hören auf das Evangelium, die Gemeinden wachsen, eine erfreuliche, ja optimale Situation.

Doch dann geht es plötzlich nicht weiter. Es stellt sich kein Erfolg mehr ein. Da ist kein Weg nach vorn in Sicht. Der Heilige Geist verwehrt ihnen, zu predigen, heißt es im Text. Das ist eine sehr irritierende Vorstellung, finde ich. Ermutigt uns der Heilige Geist nicht, zu predigen? Wir lesen doch, dass Gottes Geist brausen, erneuern will. Oder ist unsere Vorstellung da zu eng? Die Erfahrung von Paulus ist, dass es kein Weiterkommen gibt, der Geist Jesu *ließ es ihnen nicht zu* – so erleben die beiden Missionare die Situation. Und sie sind bitter enttäuscht.

Solche Sackgassen kennen wir alle im Leben: Du verlierst den Arbeitsplatz und siehst keine Perspektive mehr. Du hast Angst, weil Du nicht weißt, wie es weitergehen soll. Oder der Arzt sagt: »Sie haben Krebs!« Ein Albtraum wird Realität und du kannst nichts mehr planen wie gedacht, alle Sicherheiten scheinen infrage gestellt. Ein Mann eröffnet seiner Frau: »Es gibt eine Neue in meinem Leben, ich werde mich scheiden lassen.« Ein Lebensmodell bricht zusammen, alles, was du gebaut hast an Familie und Heim, ist zutiefst erschüttert. Wer das erlebt, weiß nicht gleich neue Wege in die Zukunft, sondern muss erst einmal ertragen, dass die Lebenspläne radikal infrage gestellt sind. Erst einmal fassungslos stehen wir da und wissen nicht weiter.

Solches Verzagen gibt es auch mit Blick auf unsere Kirche. Viele Jahrhunderte lang war es beispielsweise selbstverständlich, Kirchenmitglied zu sein. Die Menschen kamen zum Gottesdienst, weil es das zentrale Ereignis war im Dorf, in der Stadt, ja auch, weil sich ausgrenzte, wer nicht dabei war. Da haben sich die Zeiten radikal geändert. In Eisleben, der Stadt, in der Luther geboren und getauft wurde, schließlich auch starb, sind heute nur noch sieben Prozent der Bevölkerung Mitglied einer Kirche. Und in Frankreich, wo wir heute Gottesdienst feiern, sind die Christen zu einer kleinen Minderheit geworden. Da entsteht Ratlosigkeit. Fragen die Menschen nicht mehr nach Gott? Was können wir tun, um die Sache mit Gott ins Gespräch zu bringen? Schweigt Gottes Geist, statt zu brausen?

Gottes Geist vermuten wir in solchen persönlichen und auch institutionellen Erfahrungen von Ausgebremst-Sein eher nicht. Aber vielleicht steht der Geist Jesu ja dafür, dass wir offen dafür sein können, dass Gott uns in eine solche Sackgasse führt, weil sie ganz neue Perspektiven eröffnet, die wir nur nicht gleich erkennen. Vielleicht waren es unsere Wege, die wir geplant haben, aber nicht Gottes Wege?

Eine Vision zeigt Paulus und Timotheus, dass sich ganz neue Wege eröffnen. Nicht nur sollen sie das Evangelium von Jesus Christus Menschen aus allen Völkern weiter sagen, sie sollen auch den großen Schritt über das Mittelmeer wagen, hin zu neuen Welten, zu bisher völlig unerreichten Welten.

Wir können heute nicht von einem Ruf sprechen, der Menschen über das Mittelmeer nach Europa kommen lässt, ohne an das beispiellose Flüchtlingsdrama dieser Tage zu denken, das sich im Mittelmeer abspielt. Menschen kommen nach Europa in der Sehnsucht, Krieg, Elend und Zerstörung zu entfliehen, um hier eine Zukunft in Frieden zu finden. Und wir stehen fassungslos da und wissen keine rechte Antwort. Unsere Gesellschaften sind gespalten in jene, die Flüchtlingen Zuflucht und Unterstützung bieten wollen, und jene, die sich abschotten, Flüchtlinge anpöbeln und bedrohen. Die Politik hat keine Konzepte, wie sie mit der Not der Menschen umgehen soll. Und dann sind da diejenigen, die schlicht zum Münchner Hauptbahnhof gehen mit

Essen, Wasser, Spielzeug und klatschen, um Menschen willkommen zu heißen. Da weht plötzlich ein Geist der Solidarität und der Freiheit, wie wir ihn kaum erhoffen konnten. Und Menschen in aller Welt stehen staunend vor diesem Zeichen der Mitmenschlichkeit. Ja, es gibt Fremdenhass in Europa, das können wir in diesen Tagen nicht leugnen. Aber auch die christliche Kultur der Barmherzigkeit, die unseren Kontinent geprägt hat, ist hörbar und sichtbar in Europa.

Interessanterweise kommen Paulus und Timotheus nicht als Flüchtlinge nach Europa. Nein, sie werden gerufen. Es ist ein Ruf nach geistlichem Beistand, nach Hilfe zum Leben und Gottvertrauen, wie der christliche Glaube ihn bringt, so glauben wir. Wenn wir uns auf dieses Bild einlassen, zeigt der Text eine ganz neue Perspektive. Europa hat Mangel und braucht Menschen, die neue Wege zeigen. Europa braucht Bereicherung! Bereicherung durch kreative junge Menschen, weil uns der Nachwuchs fehlt. Bereicherung durch eine lebensfrohe Kultur, weil wir manchmal allzu eng geworden sind. Bereicherung durch Menschen, die zu schätzen wissen, wie sehr wir in Wohlstand und Sicherheit leben. Wenn wir die Perspektive so wechseln, sind diejenigen, die über das Mittelmeer kommen, keine Gefahr. Sie bedrängen uns nicht, sondern wir können uns freuen, dass sie kommen.

Aber ein solcher Perspektivenwechsel ist nicht leicht. Ich muss ja erst einmal erkennen, dass ich Hilfe brauche. Heute wie damals ist das vor allem schwer mit Blick auf den Glauben. Paulus hat geträumt, dass seine Mission in Europa weitergeht. Aber er ist auch dort auf Widerstand gestoßen und hat sein Zeugnis von Jesus Christus am Ende mit dem Leben bezahlt. Und doch hat sich das Evangelium in Europa rasant verbreitet, hinein in alle Welt. Heute leben Christinnen und Christen in allen Ländern der Erde. In Westeuropa haben wir mit abnehmendem Glauben zu ringen, in China wachsen die Gemeinden, in Syrien, dem Irak, im Sudan und vielen anderen Ländern werden Christen verfolgt und zahlen auch heute mit ihrem Leben für ihren Glauben. Was Paulus und Timotheus erlebt haben, das erfahren wir auch heute immer wieder. Wir scheinen in eine Sackgasse zu geraten in unserem Leben, in unserem Glauben, aber auch als Kirchen. Wenn dann eine neue Abzweigung notwendig wird, hadern wir oft damit, es ist ein Ärgernis, Schrecken gar, wahrscheinlich auch angstbesetzt. Finden wir aber neue Wege, so mag es im Rückblick erscheinen, als habe uns Gott mit dem Heiligen Geist den anderen Weg versperrt. Als mussten wir diese Erfahrungen des Scheiterns, des Versagens, der Ausweglosigkeit machen, um offen und frei zu werden für neue Wege. Das gilt in unserem je eigenen Leben wie für unsere Kirchen, aber auch für die Länder, in denen wir leben. Gerade Deutsche und Franzosen haben manche Sackgassen erlebt in ihren Beziehungen, bevor wir uns wie heute an so großer Gemeinsamkeit und gewachsener Gemeinschaft freuen können.

Die Botschaft aber ist in alle Welt gegangen und das feiern wir heute bei der Eröffnung des Themenjahres »Reformation und die eine Welt«. Auch wenn Martin Luther nur einmal nach Rom und ansonsten über die deutschen Lande nicht hinaus kam, so ist doch seine Erkenntnis von der Freiheit eines Christenmenschen und der Rechtfertigung allein aus Glauben für Menschen in aller Welt überzeugend geworden. Wir gehen auf ein Reformationsjubiläum zu, das wir als internationale Gemeinschaft feiern können. Und wir werden es nicht abgrenzend feiern, sondern in einem ökumenischen Horizont. Denn Gottes Geist ist ein Geist des Friedens, der Liebe, der Gerechtigkeit und der Versöhnung. Das wir uns immer neu dem Wirken dieses Geistes anvertrauen, dazu gebe uns Gott reichen Segen.

Predigt zur Eröffnung des Themenjahres »Reformation und die eine Welt« in Straßburg am 31. Oktober 2015

Allein die Schrift –
die Bibel im Zentrum

Verstehst du, was du liest? (Apg 8, 30) Das fragt Philippus den Mann aus Äthiopien, wir haben es eben gehört. Ja, heißt das denn, wir können die Bibel gar nicht einfach nur so lesen und verstehen, ganz spontan? Bedeutet das, wir brauchen eine Anleitung? Ja, es ist wunderbar, die Bibel in der eigenen Sprache lesen zu können! Aber es ist und bleibt immer eine Übersetzung. Schon vor Martin Luther gab es Versuche der Übertragung biblischer Texte aus dem Hebräischen und dem Griechischen oder aus dem Lateinischen ins Deutsche. Doch die lasen sich offenbar so wie heute eine Übersetzung, die Google macht. Da kommt manchmal völlig unverständlicher Kauderwelsch zusammen.

Martin Luther erwies sich als Sprachgenie, als er versuchte, deutsche Worte zu finden für griechische oder hebräische Begriffe. Bis heute prägt das unsere Sprache, wenn in der Bibel von *Blutgeld* die Rede ist oder auch vom *Morgenland* und auch, wenn das *Licht unter den Scheffel* gestellt wird. Und manchmal weicht er auch vom Urtext ab. Dass der Engel Maria grüßt mit den Worten, sie sei *voll Gnaden*, findet Luther etwas despektierlich, da denke ein deutscher Mann an ein »Fass voll Bier«. Da übersetzt er lieber: *Gegrüßet seist du Holdselige*. Wir müssen uns Luthers Übersetzungsarbeit so vorstellen, dass er einerseits auf die Menschen in ihrem Alltag gehört hat. Luther schreibt: »Man muss die Mutter im Hause, die Kinder auf den Gassen, den gemeinen Mann auf dem Markt drum fragen und denselbigen auf das Maul sehen, wie sie reden, und darnach dolmetschen; da verstehen sie es denn und merken, dass man deutsch mit ihnen redet.«[20] Und andererseits hat er eben überlegt, wie sie es hören würden, ob bei ihnen mit den deutschen Worten ankommt, was die Bibel über den Glauben erzählt. Ich habe allergrößte Bewunderung dafür, dass Martin Luther auf der Wartburg in nur elf Wochen das gesamte Neue Testament aus dem griechischen Urtext ins Deutsche übersetzte. Anschließend hat er gemeinsam mit Philipp Melanchthon, Caspar Cruciger, Johannes Bugenhagen und anderen das Alte Testament zwölf Jahre lang übersetzt.

Das Wort Gottes ist nicht statisch. Wir können nur darum ringen, es in unserer Zeit zu verstehen. Der Alttestamentler Jürgen Ebach hat einmal gesagt, »übersetzen« meine eben auch: üb' ersetzen. Das ist ein gutes Bild, finde ich. Oft waren es in späteren Jahrhunderten die Missionare, die erst die Sprache der einheimischen Bevölkerung gelernt haben, sie dann in Schriftzeichen übertrugen und schließlich die Bibel übersetzten. Das war immer wieder ein großer Bildungsprozess. Menschen haben gefeiert, dass sie die Bibel nun in Oromo oder in der Sprache Papua Neu Guineas lesen konnten. Die Bibel hat sich so in aller Welt beheimatet. Das war immer auch eine Demokratisierung. Jeder und jede, der kleine Mann und die kleine Frau konnten nun verstehen und damit auch mitreden, worum es in Fragen des Glaubens geht.

Beim Übersetzen geht es also immer auch um das Verstehen. Der Kämmerer, sicher ein gebildeter Mann, ein Finanzminister, ist offenbar neugierig auf die Bibel. Er hat sie sich gewiss etwas kosten lassen, denn vor der Erfindung des Druckens musste jedes Buch handschriftlich erstellt werden – das war teuer. Aber nun hängt er fest. Wie soll er das verstehen, einordnen, was er da liest? Philippus wird für ihn zum Übersetzer, im Gespräch entwickelt sich das Begreifen: Ah, so ist das gemeint! Sind wir als Christen heute eigentlich ansprechbar, wenn andere uns fragen: Wie soll ich das verstehen? Wie ist das mit dem Glauben? Wer war Jesus und was hat es mit dem Christus auf sich? Es braucht Menschen, die offen sind für Fragen und auskunftsfähig, damit andere es überhaupt wagen, ganz unbefangen zu fragen. Martin Luther hat es jedem Christen zugetraut, auf diese Weise für andere Priester zu werden. Manch einer hat schon erzählt, dass er aus Langeweile im Hotel anfing, in einer Bibel zu lesen. Sie können damit sofort beginnen, zum Glück gibt es die Bibel-App. Die lässt sich bis zum Reformationstag 2017 überall kostenlos herunterladen. Du kannst zu lesen beginnen, in der Straßenbahn, auf einer Reise, im Café. Aber wie oft geschieht es wohl, dass solche Lektüre zum Glauben führt? Wer auf Seite 1 zu lesen beginnt, gibt wahrscheinlich spätestens bei den langen Gesetzen für Brand-, Speise- und Dankopfer im dritten Buch Mose auf. Da ist es gut, wenn jemand rät: Lies doch erst einmal das Markusevangelium; danach die anderen Evangelien. Und dann lass uns darüber sprechen, warum und wie die Geschichte des Jesus von Nazareth aus so verschiedener Perspektive erzählt wird. Das können sehr spannende, intensive und berührende Gespräche werden.

Dabei ist mir wichtig: Glaube und Vernunft sind kein Widerspruch! Den Reformatoren ging es um gebildeten Glauben. Selbst nachlesen sollten die Menschen in der Bibel, ihr Gewissen schärfen und dann hinausgehen in die Welt und Verantwortung übernehmen! Deshalb hat Luther die Bibel übersetzt und in seinem Schreiben an den christlichen Adel deutscher Nation Schulen gefordert, in denen jedes Kind, Jungen wie Mädchen, gleich welcher sozialen Herkunft, lesen und schreiben lernen sollten.

Was ist die Bibel? Sie ist nicht ein Buch, das von Gott unmittelbar diktiert wurde. Sie ist aber auch nicht ein Geschichtenbuch, das sich Menschen schlicht erdacht haben. Die Bibel ist das Buch, in dem die Glaubenserfahrungen von Menschen mit Gott festgehalten sind und das vom Leben und Wirken von Jesus Christus erzählt. »Die Bibel ist das wirkmächtigste Buch der Weltgeschichte.«[21] In aller Welt wird erzählt vom Garten Eden, dem Auszug aus Ägypten und der Geburt des Kindes im Stall.

Deshalb ist es nicht nur eine Frage des Glaubens, sondern auch eine Frage der Bildung, ob Menschen diese Geschichten kennen. Der biblischen Wissenschaft haben wir zu verdanken, dass wir die Bibel historisch-kritisch lesen können. Das ist ganz im reformatorischen Sinne. Verstand und Vernunft müssen nicht abgeschaltet werden, wenn wir die Bibel lesen! Wir können die Entstehungsgeschichte des jeweiligen Textes erfragen und versuchen, ihn im historischen Kontext, dann aber auch in der Bedeutung für heute zu verstehen.

Viele Menschen sind gegenüber dieser Methode ängstlich. Ich erinnere mich daran, dass es Warnungen gab, durch das Theologiestudium würde ich gewiss vom Glauben abfallen. Mir aber hat die historisch-kritische Methode geholfen, weil sie Fragen erlaubt. Wie kann es beispielsweise sein, dass es zwei Schöpfungsgeschichten gibt? Die Bibel erzählt die Glaubenserfahrungen von Menschen mit unserem Gott. Es ist gut, wenn wir die Bibel ins Gespräch bringen. Gegen jede Art von Fundamentalismus ist es wichtig, dass wir die Bücher, die uns heilig sind – in dem Sinne, dass sie für unseren Glauben fundamentale Bedeutung haben –, kritisch lesen dürfen. Genau das haben uns die Reformatoren gezeigt. Bildung war für sie alle wichtig. Deshalb gilt es, die Bibel auch miteinander zu lesen, nicht nur allein. Was bedeutet diese Geschichte für dich? Wie verstehst du die Auferstehung? Wo finden wir Spuren vom Glaubenszeugnis der Frauen?

Und: Die Bibel ist auch Kulturgut. Selbst wenn jemand sagt, er habe mit dem christlichen Glauben keinerlei Berührung, muss er doch zumindest eine Ahnung haben, was in der Bibel steht. Sonst passieren Geschichten wie diese: Ein kleiner Junge sieht in einer Kirche das Altarbild mit dem Gekreuzigten und ruft: »Boah, was ist dem denn passiert?« Ein Kind sollte von der Kreuzigung doch zumindest etwas wissen, um Architektur, Literatur, Geschichte in unserem Land zu verstehen. Und auch in kommunalen Kindertagesstätten sollte von der Arche Noah erzählt werden, sonst sieht ein Mädchen ein Schiff mit Tieren darauf und fragt sich, was das denn soll. Es geht darum, die biblischen Geschichten weiterzuerzählen, sie ins Gespräch zu bringen, denn wir teilen sie ja, sie beheimaten uns auch in der Geschichte unseres Landes. Und es geht darum, sie selbst nachzulesen, sie miteinander zu lesen, einander die Texte zu öffnen durch das gemeinsame Reden über sie. Genau das macht uns Philippus vor in seinem Gespräch mit dem Kämmerer aus Äthiopien. Und genau solche Gespräche wünsche ich mir heute. Da ist einer neugierig und will nachlesen und ein anderer nimmt sich die Zeit, seine Sicht der Dinge weiterzugeben. Wann immer das geschieht, bleibt die Bibel nicht ein Buch mit sieben Siegeln. Und so verstaubt sie auch nicht im Bücherregal. Dann wird sie ein lebendiges Buch, das wir selbst weitererzählen. Wir knüpfen an die Erfahrungen unserer Väter und Mütter im Glauben an und ergänzen sie mit unseren eigenen Erfahrungen mit Gott. So werden wir Teil des Erzählfadens der Sache mit Gott. Möge die Revision der Lutherbibel 2017 auf diese Weise segensreich wirken.

Einführung revidierte Lutherbibel
im ZDF-Gottesdienst in Eisenach am 30. Oktober 2016

Antastbare Würde?

Eine spannende Geschichte ist ausgewählt worden als Predigttext für die Eröffnung der Friedensdekade 2012 (Mk 7,24–30)! Schauen wir uns die Szene zunächst etwas näher an. Jesus will sich zurückziehen. Es heißt: *Er ging in ein Haus und wollte es niemanden wissen lassen und konnte doch nicht verborgen bleiben.* Wir lesen einen biblischen Text ja immer wieder mit neuen Augen. Wenn ich diesen Vers heute lese, denke ich: Armer Jesus! Vielleicht ist ihm der ganze Trubel zu viel geworden. Er wollte einmal seine Ruhe haben vor all den Menschen, die ihm folgen, ihn bewundern, viel von ihm erwarten, ihn vielleicht auch beschimpfen wollen. Wie so mancher von der Boulevardpresse gejagte Promi, denkt er wohl: »Halt sie draußen!« »Lasst mich einmal in Frieden!« »Ein wenig Respekt vor den Grenzen des Privatlebens bitte!« »Es gibt auch ein Recht auf Rückzug!«

Die Frau aus Syrophönizien gehört offenbar zu denen, die das nicht akzeptieren. Interessant, es wird besonders betont, dass sie selbst keine Jüdin ist, sondern Griechin. Und trotzdem erwartet sie von diesem jüdischen Rabbi Heil! Ihre offensichtliche Aufdringlichkeit ist vielleicht nur zu verstehen, wenn wir uns klar machen, was sie antreibt: die kranke Tochter. Ein krankes Kind kann eine Mutter über Grenzen gehen lassen. Sie will alles in Bewegung setzen, um jede Chance auf Heilung wahrzunehmen, nichts soll unversucht bleiben.

Jesus reagiert ungeheuer schroff: *Lass zuvor die Kinder satt werden; es ist nicht recht, dass man den Kindern das Brot wegnehme und werfe es vor die Hunde.* Meine Güte, das ist nicht der liebevolle Heiland, den wir vor Augen haben. Das Bild von den Hunden überschreitet jede Form von würdigem Dialog. Diese Schroffheit lässt sich wohl hauptsächlich verstehen aus der Szene selbst, aus dieser Sehnsucht nach Ruhe, die gestört und unterbrochen wird. Aber wohl auch aus seiner Überzeugung, dass er mit Menschen wie dieser Frau nichts zu schaffen hat. Die Frau aber lässt sich nicht abschrecken. Sie ist hartnäckig, ja sie nervt! Und sie tut etwas, das taktisch sehr klug ist und hilft, wenn du beleidigt wirst: Zieh dich nicht verletzt zurück, sondern nimm die Beleidigung schlicht auf und nutze sie. *Ja, Herr; aber doch fressen die Hunde unter dem Tisch von den Brosamen der Kinder.* Das ist klug, ja genial. Und es entwaffnet Jesus. Er ist offensichtlich beeindruckt von der Beharrlichkeit, aber die andere Position leuchtet ihm wohl auch ein. Das Kind wird geheilt.

Ist das nun das Wunder einer Fernheilung? Das ist schwer zu begreifen. Der Evangelist Markus wollte zeigen, dass Jesus heilen kann, Heiland ist. Wichtiger aber scheint ein ganz anderer Punkt: Die Frau akzeptiert die Abfuhr nicht, sondern bringt Jesus zum Zuhören. Und ganz klar ändert er seine Meinung. Er begreift, dass er nicht nur für das jüdische Volk die Botschaft Gottes zu verkündigen hat. Jesus von Nazareth, der auferstandene Christus, steht für die ungeheuerliche Weitung, dass Menschen aus allen Völkern Zugang zum Gott Israels finden können. Der Gott, den Jesus mit *Abba, lieber Vater* anspricht, verschließt sich nicht vor der Frau, die Griechin ist. Das ist eine Schlüsselszene: Gott will sich allen Menschen zuwenden.

Vor vielen Jahren habe ich in einer Predigt zu diesem Text einmal gesagt: Die Frau wird zur Lehrerin für Jesus. Darauf erhielt ich einen zornigen Brief: »Unser Herr Jesus war vollkommen, der brauchte keine Lehrerin!« O doch! Jesus war »wahrer Mensch und wahrer Gott«, wie es das Konzil ausdrückte. Er musste lernen wie jedes Kind und den Horizont erweitern wie jeder Mensch. Er konnte offensichtlich geradezu bissig reagieren, aber hatte die Größe, neue Sichtweisen anzunehmen. Jesus kann den Blick anderer verändern und auch seinen eigenen

Blick. Das macht ihn über all die Jahrhunderte hinweg nahbar. Die entscheidende Botschaft von Markus ist weniger die Heilung als die Klärung: Du musst nicht Jude oder Jüdin sein oder werden, um an den Gott zu glauben, von dem Jesus spricht. In den ersten Gemeinden, in der Zeit, als Markus schreibt, war das sehr umstritten. Deutlich wird: Der Gott Israels verschließt sich nicht. Durch den Glauben an Jesus Christus gibt es einen Weg zu Gott für alle Menschen, vollkommen unabhängig von Herkunft, Rasse, Kultur oder Geschlecht.

Theologisch hat das Konsequenzen: Zuerst einmal gibt es keine Voraussetzungen, zu Gott zu finden. Deshalb taufen wir Säuglinge. Wir sind überzeugt: Ohne jede Vorleistung wendet sich Gott den Menschen zu. Allein der Glaube ist der Zugang. Für Martin Luther war die Taufe daher so entscheidend. Sie ist ein für alle Mal Lebenszusage. Nichts, was ich tue, kein Scheitern an den Geboten Gottes oder eigenen Ansprüchen kann das je wieder infrage stellen. »Baptizatus sum« – das hat sich Luther in Zeiten von Zweifel und Anfechtung oft gesagt. »Ich bin getauft!« Und weil für ihn das so entscheidend war, hat er auch geklärt: Ein Bußsakrament ist nicht notwendig. Weil Gott die Lebenszusage der Taufe nicht zurücknimmt, wenn wir versagen. Das können wir Gnade nennen, ein Leben aus Gnade, aus der unwiderruflichen Zusage: Du bist Kind Gottes.

Die Taufe ist zum zweiten Grundlage unseres ökumenischen Miteinanders. Auch wenn wir das Abendmahl leider nicht offiziell teilen können, getauft sind wir alle in die eine geglaubte Kirche. Es ist die Kirche, die verborgen ist hinter all unseren Konfessionen und Differenzen, die Kirche, die wir im Glaubensbekenntnis bekennen. Die Taufe auch, die jede Überheblichkeit ausschließt. Die Hermannsburger Missionare sind bei den weißen Landbesitzern im Südafrika der Apartheid auf Widerstand gestoßen, wenn sie Menschen schwarzer Hautfarbe taufen wollten. Sie sagten: Sind sie getauft, sind sie ja wie wir. Und in der Tat, sie hatten recht ... Die Taufe hat diese Konsequenz: Wer getauft ist, ist gleich. »Alles, was aus der Taufe gekrochen ist, ist Priester, Bischof, Papst«, sagt Luther. Deshalb gibt es in den evangelischen Kirchen keine Hierarchie zwischen Ordinierten und nicht Ordinierten. Und deshalb – auch wenn die Kirchen der Reformation mehr als 400 Jahre gebraucht haben, um es zu begreifen – gibt es auch keine Hierarchie zwischen den Geschlechtern und Frauen können alle Ämter wahrnehmen. Das ist keine Anpassung an den Zeitgeist, sondern Konsequenz aus theologischer Überzeugung. Selbst Paulus, der ja angeblich den Frauen sagte, sie sollten schweigen in der Gemeinde, weiß das, wenn er schreibt: *Hier ist nicht Jude noch Grieche, hier ist nicht Sklave noch Freier, hier ist nicht Mann noch Frau; denn ihr seid allesamt einer in Christus Jesus.* (Gal 3,28) Was kann das nun alles für die Ökumenische Friedensdekade bedeuten, die wir unter dem Leitwort »Mutig für Menschenwürde« eröffnen? Drei Beispiele will ich nennen:

Erstens: Diese Frau aus Syrophönizien klagt ihre Menschenwürde ein. Und zwar beharrlich! Selbst als sie brutal abgewiesen und erniedrigt wird, gibt sie nicht auf. Sie hat eine eigene innere Würde und weiß: Niemand ist »Hund« und ausgeschlossen. Jeder Mensch hat vor Gott die gleiche Würde, allein schon, weil jeder Mensch, so glauben wir, Geschöpf Gottes ist, nach Gottes Ebenbild geschaffen. Es sollte Jahrhunderte dauern, bis daraus die Grundüberzeugung von der Unantastbarkeit der Würde des Menschen abgeleitet wurde, endlich die Allgemeine Erklärung der Menschenrechte deklariert wurde. Ganz offensichtlich sind diese Grundüberzeugungen aber nicht ein für alle Mal wie ein Monument in die Herzen und Hirne der Menschen eingebrannt. Sie müssen immer wieder neu errungen werden. Und das nicht nur in den Diktaturen und Unrechtsregimen dieser Welt. Die Ermordung von Enver Simsek, Abdurrahim Özüdoğru, Süleyman Tasköprü und sieben anderen Menschen in unserem Land, die vor gut einem Jahr als Mordserie aufgedeckt wurde, macht deutlich, wie ideologisches Gedankengut in den Köpfen spukt. Gestern vor 20 Jahren, am 8. November 1992, gab es eine große Demonstration mit 350000 Teilnehmenden in Berlin gegen Ausländerhass und Fremdenfeindlichkeit unter dem Motto »Die Würde des Menschen ist unantastbar«. »Deutschland den Deutschen, Ausländer raus« – das waren die Parolen jener Tage. In Rostock-Lichtenhagen wurde 1992 gar ein Flüchtlingsheim unter dem Beifall Hunderter Schaulustiger in Brand gesteckt. Aber offensichtlich haben wir verdrängt, dass sich seitdem leider gar nicht viel geändert hat. Nach Recherchen der ZEIT wurden zwischen 1990 und 2011 148 Menschen durch rechtsradikale Täter ermordet![22] Wo bleibt der Aufschrei? Unsere Verfassung sagt: »Die Würde des Menschen ist unantastbar« und nicht: »Die Würde des Deutschen ist unantastbar«! Deshalb gilt es, in Auseinandersetzung mit einer Partei zu treten, die diese Würde mit Hetzparolen infrage stellt. Die Plakate im Wahlkampf einsetzen kann, auf denen steht »Gas geben« oder »Gute Heimreise«, und das finanziert mit Steuermitteln.

Am 9. November erinnern wir in Deutschland daran, dass an diesem Datum 1938 Synagogen brannten. Erst wurden die Gotteshäuser vernichtet, dann die Menschen, die dort ihren Glauben lebten. Und ja, wir bekennen Mitschuld als Christinnen und Christen, Jüdinnen und Juden nicht geschützt zu haben. Da fällt auch ein Schatten auf den Reformator Luther, der mit seinem Antijudaismus die Kirche, die sich nach ihm benannte, auf einen fatalen Irrweg geschickt hat. Dass aber eine Partei, die im Erbe einer Ideologie steht, die ein Gedankengut verbreitete, das derartiges Zerstören und Morden bis hin zum Holocaust möglich machte, heute nicht verboten wird, ist mir unbegreiflich.

Zweitens: Wenn jeder Mensch die gleiche Würde hat, gilt es, allem entgegenzutreten, was diese Würde infrage stellt. Und das geschieht zuallererst im Krieg. Die Friedensdekade ist entstanden in den Zeiten des Kalten Krieges in den Niederlanden. 1980 wurde sie von Friedensgruppen und Kirchengemeinden in Ost- und Westdeutschland aufgenommen. Damals wurde deutlich, wie absurd es ist, dass in den beiden deutschen Staaten mit allergrößter Dichte Waffen aufeinander gerichtet werden. Und das sollte dem Frieden dienen? »Krieg soll nach Gottes Willen nicht sein«, hatten die Kirchen der Welt 1948 erklärt. Und doch sehen wir, dass Kriege weiter geführt werden, und solche Kriege immer im Gepäck führen, dass Menschenwürde mit Füßen getreten wird, selbst wenn sie als »Intervention aus humanitären Gründen« gemeint sind. Und so ist es gut, dass die Friedensdekade in diesem Jahr verknüpft ist mit der »Aktion Aufschrei gegen Waffenhandel«. Es dient der Würde des Menschen nicht, wenn Deutschland heute auf den unrühmlichen dritten Platz der Weltwaffenexporteure aufgerückt ist. Und es ist nicht im Sinne dieses Jesus, der uns in der Geschichte begegnet, der lernfähig ist, der darauf verzichtet, Waffengewalt anzuwenden selbst bei seiner Verhaftung im Garten Gethsemane. Der uns auf den Weg gegeben hat: *Selig sind, die Frieden stiften.*

Mich beeindruckt die Geschichte von Archibald Baxter, neuseeländischer Landarbeiter. 1917 verweigerte er den Militärdienst. Er wurde gefoltert, in die französischen Schützengräben verschleppt, sein Wille sollte gebrochen werden. Er blieb bei seiner Überzeugung mit den Worten: »Der einzig dauerhafte Sieg, den wir über unsere Feinde erringen können, ist, sie zu unseren Freunden zu machen.«[23] Das ist eine nachhaltige Grundüberzeugung!

Drittens: Mehr als 20 Flüchtlinge sind im vergangenen Monat 600 Kilometer zu Fuß von Würzburg nach Berlin gegangen. Sie wollen auf ihre Situation aufmerksam machen und haben vor dem Brandenburger Tor demonstriert. Eingepfercht in Sammelunterkünfte, ohne ein Recht auf Bildung, auf Sprachunterricht, eingeschränkt in ihrer Bewegungsfreiheit und gedemütigt durch minimale Versorgung mit Lebensmitteln, werden sie ihrer Würde beraubt. Wie ist es möglich, dass wir das hinnehmen? Weil die Politik warnt vor Menschen, die »einwandern wollen in unsere Sozialsysteme«? Da wehren sich Kommunen, Flüchtlinge aufzunehmen. Bürgerinnen und Bürger protestieren gegen

Flüchtlingsunterkünfte. In einer Mitteilung heißt es, man habe Angst, dass Grund- und Immobilienpreise ihren Wert verlieren, wenn Flüchtlinge in der Nähe wohnen. Da kommen Menschen nach Deutschland, die Verfolgung erlitten haben, in Afghanistan, Syrien, im Iran und im Irak, und hoffen auf Sicherheit und Zukunft in unserem Land. Sie erleben aber Demütigung und Ausgrenzung. Eine Frau sagte, sie fühle sich wie im Käfig gehalten, versorgt mit gerade noch genug zum Überleben, aber kein Gramm mehr. Eigentlich dachte sie, sie könne hier ihr Architekturstudium beenden und arbeiten. Sie wolle etwas lesen, die Sprache lernen, arbeiten, etwas tun! So sitzt sie da, Tag für Tag, und darf nichts tun, nichts lernen, sich nicht frei bewegen. Was für ein Land sind wir, wenn die Würde so angetastet wird?

Als Christinnen und Christen sind wir gefragt. Und zwar in ökumenischer, »getaufter« Gemeinsamkeit. Das ist keine Politisierung der Kirche, wie uns so oft vorgeworfen wird. Nein, das ist Umsetzung des Evangeliums in den Alltag der Welt. Es geht um Heil für alle. Weil alle Würde haben und nach Gottes Ebenbild geschaffen sind. Jesus begreift das im Gespräch mit der Frau aus Syrophönizien. Wir können es jeden Tag begreifen im Gespräch mit Menschen türkischer Herkunft, die seit Generationen hier leben, mit Soldaten, die zurückkommen vom Auslandseinsatz, mit Flüchtlingen, die hier Schutz und Asyl suchen. Die Menschenwürde wird angetastet. Täglich. Auch mitten in Deutschland. Das können Christinnen und Christen nicht ignorieren. Und zwar nicht aus politischen Gründen, sondern aus Glaubensgründen. So wünschen wir alle dieser Friedensdekade viele Gespräche, Initiativen, Ermutigung und vor allem Gottes Segen.

Predigt zur Eröffnung der Ökumenischen Friedensdekade in Hamburg am 9. November 2012 (Markus 7,24–30)

Die Wurzel trägt dich –
Juden und Christen

Es gibt etwas zu feiern, in der Tat! Zum allerersten Mal wird an einer deutschen Universität der Studiengang »Jüdische Theologie« eingerichtet. Eigentlich ist das doch unfassbar! Wieso eigentlich erst jetzt? An solchen Fragen ist schon zu merken: Ich bin überhaupt keine Expertin auf dem Gebiet. Als der Präsident der Universität Potsdam, Professor Oliver Günther, mich gebeten hat, heute hier zu reden, habe ich auch gesagt: Da gibt es wesentlich Berufenere! Aber dann gab es ein sehr freundliches Zuraten, auch von Rabbiner Walter Homolka, und »nun stehe ich hier und kann nicht anders ...«

Mit diesem Zitat, das wahrscheinlich gar keines ist, bei dem aber alle wissen, von wem es stammt, findet sich schon der zentrale Anlass meiner Zusage. Wenn eine Protestantin, lutherische Altbischöfin, noch dazu derzeit im Amt der Reformationsbotschafterin des Rates der EKD, gebeten wird, hier heute zu reden, ist das ein beachtliches Zeichen von neuem, ja unbefangenem Miteinander. Der Antijudaismus Martin Luthers hat der Kirche, die sich nach ihm benannte, ein fatales Erbe hinterlassen. Dabei finden sich in seiner 1523 veröffentlichten Schrift »Dass Jesus Christus ein geborener Jude sei« für die damalige Zeit bemerkenswerte Ansichten: Stereotype Vorwürfe gegen die Juden, darunter den des Wucherzinses, weist der Reformator entschieden zurück. Dies seien alles »Lügendinge«. Es sei vielmehr das lieblose Verhalten der Christen gewesen, dass die Juden bisher abgehalten habe, sich zu bekehren, wofür Luther durchaus Verständnis hat: »Wir haben sie behandelt, als wären es Hunde«, schreibt er und unterstreicht in dem ihm eigenen drastischen

Sprachduktus, auch er wäre an ihrer Stelle »eher eine Sau denn ein Christ geworden«. Durch jene Schrift Luthers entstand in jüdischen Kreisen die Hoffnung, es könne zu einem Neuanfang im Verhältnis zwischen Juden und Christen kommen.

Doch 20 Jahre später, 1543, erschien ein im Duktus völlig anderer Text Luthers. Schon der Titel »Von den Juden und ihren Lügen« verrät, dass es sich um eine Schmähschrift handelt. Luther schlägt darin der Obrigkeit vor, dass sie jüdische Synagogen und Schulen »mit Feuer anstecken«, ihre Häuser »zerbrechen« und die Juden »wie die Zigeuner in einen Stall tun« solle. Zudem sollten ihnen ihre Gebetbücher genommen werden, worin »Abgötterei« gelehrt werde, ihren Rabbinern solle verboten werden, zu unterrichten. Furchtbar. Unerträglich. Diese so unfassbaren Äußerungen, die ich nur ungern zitiere, können nicht mit seiner Verbitterung, dass Juden nicht zur Kirche der Reformation übertraten, erklärt oder durch den »Zeitgeist« gerechtfertigt werden. Sie werfen auf ihn und die Reformation insgesamt einen Schatten und sollten die Kirche, die sich nach ihm benannte, auf einen entsetzlichen Irrweg führen.

Die Schmähschrift von 1543 diente allzu oft der Rechtfertigung für Diskriminierung, Ausgrenzung und Mord. Luthers Pamphlet wurde in der NS-Zeit häufig nachgedruckt, zum Beispiel unter dem Titel »Martin Luther und die Juden – weg mit ihnen!« Vor dem Nürnberger Gerichtshof bezog sich der NS-Hetzer Julius Streicher auf sie, um dann zu sagen: »Dr. Martin Luther säße sicher heute an meiner Stelle auf der Anklagebank ...« Aus Luthers Spätschrift hatte Streicher für sein Hetzblatt »Der Stürmer« den in der NS-Zeit sprichwörtlich gewordenen Satz »Trau keinem Fuchs auf grüner Heid und keinem Jud' bei seinem Eid« entnommen.

Bis auf wenige Einzelne versagte die evangelische Kirche in der Zeit des Nationalsozialismus, weil sie Menschen jüdischen Glaubens nicht schützte, sich dem Holocaust nicht vehement entgegenstellte. Erst nach 1945 begann sie – langsam –, den ver-

hängnisvollen Weg des Antijudaismus zu verlassen, eine Lerngeschichte setzte ein. Der jüdisch-christliche Dialog hat neu
entdecken lassen, was der Apostel Paulus über das Verhältnis
von Christen und Juden schreibt: *Nicht du trägst die Wurzel, sondern die Wurzel trägt dich.* (Römer, 11.18) Das war für die evangelische Kirche ein Prozess, der Erschrecken über eigene Irrwege
zutage treten ließ, Befangenheit auslöste. Mein Eindruck aber
ist, dass immer öfter freie Begegnung möglich wird, die um das
Vergangene, um Schuld ebenso wie um Opfererfahrung weiß,
aber nicht dort verhaftet bleibt, sondern Wege ins Offene, in die
Zukunft eines Dialogs auf Augenhöhe sucht.

Das Jahr 2013 steht für die Evangelische Kirche in Deutschland
im Rahmen der Lutherdekade auf dem Weg zum Reformationsjubiläum 2017 unter dem Titel »Reformation und Toleranz«. Es
kann gerade nach der Realität des Holocaust kein Reformationsjubiläum geben, das bei aller Freude über die Errungenschaften
der Reformation ihre Schattenseiten nicht benennt. Und gerade
die bedrückende Geschichte der christlichen Judenfeindschaft
hat in Martin Luther einen furchtbaren Zeugen, so sehr vieles an
ihm hoch zu schätzen ist.

Und oh ja, zu schätzen ist sein Impetus für Bildung! Luther
übersetzte die Bibel insgesamt mit seinem ganz eigenen Gefühl
für Sprache ins Deutsche. Jeder und jede sollte selbst lesen können, was da geschrieben steht. Ihm verdanken wir die Volksschule für alle Jungen und Mädchen gleich welcher sozialen Herkunft, wie er sie im Brief an den »christlichen Adel deutscher
Nation« gefordert hat. Bildungsgerechtigkeit und Bildungsteil-
habe – Martin Luther war der Erste, der diese Themen öffentlich
machte und sich vehement dafür einsetzte. Der Schwerpunkt
Bildung gilt für alle Reformatoren: Melanchthon war Lehrer aus
Leidenschaft, ja, wird auch aufgrund seiner Bemühungen um
eine Universitätsreform als »Lehrer der Deutschen« bezeichnet.
Martin Bucer wird von Lutheranern wie von Reformierten als

Kirchenlehrer angesehen. Ulrich Zwingli lernte Griechisch, um das Neue Testament im von Erasmus von Rotterdam mit Blick auf die lateinische Vulgata editierten Urtext lesen zu können. Zwingli besaß die für damals sehr große Zahl von 100 Büchern und gründete in seiner Glarner Pfarrei 1510 eine Lateinschule. Und dann das Genfer Kolleg, von Johannes Calvin gegründet, das die reformierte Bildungsbewegung in viele Regionen Europas brachte!

Religion braucht Bildung, das ist eine entscheidende Grundüberzeugung. Sie wurde von deutschen Juden sehr wohl geteilt! Natürlich wurden in Deutschland Rabbiner auch im 19. Jahrhundert und bis zum Beginn der Nazi-Diktatur ausgebildet. Doch diese Ausbildung konnte sich nicht an öffentlichen Universitäten etablieren, sondern fand in eigenen Seminaren statt: eins in Breslau, zwei in Berlin. Interessant fand ich beim Nachlesen für diese Rede, dass in Berlin beide Seminare in derselben Straße existierten, der heutigen Tucholskystraße. Sie hieß damals Artilleriestraße, weshalb im Volksmund von der »leichten Artillerie« für das Institut des liberalen Judentums und der »schweren Artillerie« für das traditionell orthodoxe Institut die Rede war. Ein bisschen Humor darf sein …

Auch gab es an evangelisch-theologischen Fakultäten Nischen für jüdische Theologie. Besonderes Gewicht hatte der Lehrstuhl von Hermann Leberecht Strack in Berlin, der mit seinem Institutum Iudaicum hoch angesehen war. Seine »Einleitung in Talmud und Midrasch« war ein Klassiker und mit dem orthodoxen Rabbinerseminar arbeitete er zusammen. Er hat sich – anders als andere protestantische Theologen – gegen jedweden Antisemitismus positioniert. In Leipzig gab es zudem das Institut am Lehrstuhl von Franz Delitzsch, nach 1945 wurde es nach Münster verlegt. Aber es waren christliche Lehrstühle, nicht jüdische, und das Berliner Institut hatte zudem den Untertitel »Institut zur Förderung der Judenmission«. Judaistik, jüdische Wissenschaft war ein Appendix. Es gab hier und da jüdische Lehrstuhlmitarbeiter – freie Forschung und Lehre des Judentums war das nicht.

Jüdische Theologie als eigenständiges Fach an einer deutschen Universität – das ist also etwas sehr Neues. Ich bin überzeugt: Das wird der Ausgangspunkt sein für eine Begegnung auf Augenhöhe. Uns allen ist doch bewusst, dass wir einen Dialog der Religionen brauchen. Und genau diesen Dialog kann und soll gerade die Theologie möglich machen. Sie gibt den menschlichen Begegnungen, die ebenso notwendig sind, die notwendige Substanz für das Gespräch. Alfred Grosser hat letztes Jahr im Tagesspiegel treffend geschrieben: »Eben weil die nichtjüdischen Deutschen ständig versucht sind, das deutsche Judentum als eine Trauergemeinschaft zu betrachten, sollte alles in die Zukunft Weisende unterstützt werden. Ein reger Austausch zwischen institutionalisierter jüdischer Theologie mit der katholischen und der evangelischen wäre ein schönes Zeichen einer ›Normalisierung‹ des Judentums in der Bundesrepublik Deutschland.«[24] Ich weiß nicht, ob es nach dem Holocaust je eine »Normalisierung« geben kann. Aber es kann einen Dialog auf Augenhöhe geben, das finde ich entscheidend.

Zum anderen: In der Theologie geht es um Denken, Reflektieren, Nachdenken, Verstehenkönnen, Fragendürfen. Stattdessen wird der Religion immer wieder die Haltung unterstellt: nicht fragen, schlicht glauben! Und das ist ja durchaus richtig: Fundamentalismus – ob jüdischer, christlicher, islamischer oder hinduistischer Prägung – schätzt Bildung und Aufklärung nicht. Gerade deshalb brauchen wir wissenschaftliche Theologie an öffentlichen Universitäten! Theologie ist notwendig in der Ausbildung von Rabbinerinnen und Rabbinern, Pfarrerinnen und Pfarrern sowie Priestern, weil kritische Reflexion der Texte, auf die wir uns beziehen, notwendig ist. Dazu gehört heute auch, die Entstehung der biblischen Bücher wahrzunehmen, historisch-kritische Exegese zu betreiben. Letztes Jahr habe ich in einem ZDF-Fernsehgottesdienst aus Wittenberg gepredigt.

Mit Blick auf den Epheserbrief habe ich erklärt, wir wüssten nicht genau, wer ihn geschrieben habe. Darauf erhielt ich von einem Theologiestudenten einen Brief, er könne mir da helfen, es sei ganz einfach, ganz am Anfang stehe doch: Paulus. Gut, er war erst im dritten Semester ...

Jedwedcr Ausprägung von Fundamentalismus stellt sich das Theologietreiben entgegen, wenn es dazu auffordert: selbst denken! Im Gewissen bist du niemandem untertan und unabhängig von Dogmatik, religiösen Vorgaben, Glaubensinstanzen. Es geht der universitären Theologie um gebildeten Glauben, einen Glauben, der verstehen will, nachfragen darf, auch was das Buch des christlichen Glaubens betrifft, die Bibel. Es geht nicht um Glauben allein aus Gehorsam, aus Konvention oder aus spirituellem Erleben.

Als ich 2010 für vier Monate an einer amerikanischen Universität in den Südstaaten gelehrt habe, konnte ich sehen, welche Bedeutung Theologie an einer Universität haben kann. 50 Prozent der Menschen, die sich in den USA »Pfarrer« nennen, haben nie eine theologische Ausbildung genossen. Wir brauchen gebildete Religion, auch damit Religion nicht immer wieder benutzt wird oder sich verführen lässt, Öl in das Feuer politischer oder ethischer Konflikte zu gießen. Religion kann ein Faktor der Konfliktentschärfung werden, wenn sie beiträgt zum Dialog, zur Deeskalation.

Alfred Grosser hat wunderbar definiert, was ein Theologe, eine Theologin tut: Es sei »jemand, der sein ganzes Leben lang spricht und schreibt über etwas, was er als unsagbar bezeichnet«[25]. Mir ist klar, dass manche Menschen auch fragen, ob Theologie damit überhaupt an die staatliche, öffentliche Universität gehört. Peter Strohschneider hat sehr trennscharf die Bedeutung von Theologie als Universitätswissenschaft beschrieben: »Insofern sie Wissenschaft ist, erzeugt auch die bekenntnisgebundene Theologie keine Glaubensgewissheiten, sondern wissenschaftliches Wissen – ein Wissen also, das allein im Modus der Selbstinfragestellung behauptet werden kann und das stets mit einem Zeit- und mit einem Ungewissheitsvorbehalt versehen ist. [...] Und dieser besondere Anspruch an wissenschaftliches Wissen gilt für islamische Theologie nicht anders als zum Beispiel für die Theologien des Judentums und des Christentums. Theologie als bekenntnisgebundene Wissenschaft erzeugt ungewisses Wissen für Glaubensgewissheiten.«[26]

Deshalb ist es gut, dass der Wissenschaftsrat kürzlich noch einmal unterstrichen hat, dass das staatliche Hochschulsystem der zentrale Ort der Theologie sei. So manche stellen das ja heute infrage. Fast scheint es, dass die Geisteswissenschaften gegenüber den Naturwissenschaften, den Ingenieurstudiengängen in die Defensive geraten. 18 000 Bachelorstudiengänge gibt es heute! Da wird es schwer für die großen Klassiker, wenn du in Pferdewirtschaft oder Gesundheitswissenschaften abschließen kannst. Das klingt alles einfach so viel praktischer als: Theologie! Aber das Ringen um Gott und die Welt, der wissenschaftliche Zugang zum Buch der Bücher, die systematische und praktisch-theologische ebenso wie die historische Durchdringung der Religion ist eine Herausforderung im Zeitalter der Aufklärung. Sie gehört an die Universität, um diskursfähig zu sein in der säkularen Welt und sich eben nicht in privat-religiöse Nischen zu verdrücken. Kurzum: Sie braucht Fakultäten. Und zwar nicht nur christliche, sondern auch jüdische und islamische.

Susanna Heschel hat in ihrem Vorwort zu Christian Wieses großer Abhandlung über die »Wissenschaft des Judentums und protestantische Theologie im wilhelminischen Deutschland«[27] geschrieben: »Die wissenschaftliche Wirksamkeit eines Theologen unterliegt anderen Kriterien als jene anderer Forscher. Er ist nicht allein den höchsten Ansprüchen intellektuellen Strebens verpflichtet. Sondern man erwartet auch, daß seine Veröffentlichungen seinen persönlichen Glauben und moralischen Charakter widerspiegeln. Das Verfassen theologischer Werke ist eine Antwort auf eine höhere Berufung, der man sein ganzes Leben widmet.«[28] Diese Spannung der Theologie zwischen persönlichem Glauben und wissenschaftlicher Reflexion des Glaubens wird immer Thema sein mit Blick auf die Verankerung der Theologie als Wissenschaft an der staatlichen Universität.

Seit 2008 gibt es in Osnabrück ein Zentrum für Interkulturelle Islamstudien, das weiterentwickelt wurde zu einem Institut für Islamische Theologie und inzwischen einen Masterstudiengang Islamische Religionspädagogik anbietet. An der Universität Tübingen gibt es seit 2011 ein Zentrum für Islamische Theologie. Auch in Münster und Erlangen werden inzwischen in Deutschland Menschen ausgebildet, um islamischen Religionsunterricht zu geben, aber auch Imame. Das ist ein großer Fortschritt! Wie wichtig ist es, dass die rund 700 000 muslimischen Schülerinnen und Schüler Unterricht in ihrer Religion erhalten – und zwar wie im christlichen Religionsunterricht nicht als Mission, sondern mit der Möglichkeit, kritisch zu fragen, den eigenen Glauben nicht nur zu praktizieren, sondern zu reflektieren. Und es ist gut, wenn Imame deutsch sprechen, die deutsche Kultur kennen, an deutschen Universitäten ausgebildet werden. Nur so kann doch ein deutscher Islam entstehen, demokratiefähig, die Werte von Freiheit und Gleichheit, die unsere Gesellschaft prägen, vertretend.

Abraham Geiger forderte schon Anfang des 19. Jahrhunderts die Einrichtung einer jüdisch-theologischen Fakultät in Deutschland. Carsten L. Wilke schreibt: »Im Werk Geigers ist die Frage der interkulturellen Herausforderung an die Rabbinerausbildung, der Synthese von jüdischem und akademischem Wissen, ein wiederkehrendes Problem, für das er eine radikale Lösung vorschlug: Jüdische Religionslehre sollte zur akademischen Wissenschaft erhoben und an einer staatlichen jüdisch-theologischen Fakultät gelehrt werden.«[29] Das tat übrigens auch der evangelische Theologe Martin Rade, der 1912 erklärte: »Wir fordern eine jüdisch-theologische Fakultät im Interesse der deutschen Kulturnation.«[30] Das Judentum müsse »als eine lebendige Religion von 600 000 Reichsdeutschen« begriffen werden, »hinter denen in der Welt eine Gemeinde von über elf Millionen steht«.[31] Das war weitsichtig, scheiterte aber am Antijudaismus und Antisemitismus, der schließlich seinen grauenvollen Höhepunkt im Holocaust fand.

Das nach Abraham Geiger benannte Ausbildungskolleg, das 1999 gegründet wurde, wird nun, wie sein Rektor Walter Homolka sagte, »vom Gast zum Hausherrn«[32], es wird auf Ordinariusebene ausgebildet mit insgesamt neun Professuren dank eines großen finanziellen Engagements von Bund, Land und Drittmittelgebern. Diese Ausbildung wird ausstrahlen weit über Deutschland hinaus. Darüber können wir uns freuen. Dafür können wir dankbar sein. Das ist bewegend, weist in die Zukunft und kann so zum Segen werden – für alle.

Festrede zur Eröffnung der School of Jewish Theology
der Universität Potsdam am 19. November 2013

Was ist Glück?
Und wie werde ich glücklich?

Glück ist an der Tagesordnung. Bei Radio Paradiso kann der Berliner jeden Morgen »Glückscomedy mit Dr. Eckart von Hirschhausen« hören. Francois Lelords »Hectors Reise oder die Suche nach dem Glück« (München 2004) verkaufte sich eben so gut wie Monika Marons Roman »Ach, Glück«, der die Suche der älter werdenden Generation nach erfülltem Leben beschreibt. Und als ich in den USA bei einer Veranstaltung war, wurde der Dalai Lama als der »happiest religious leader of the world« begrüßt. Auf die Frage, was das Ziel des Lebens sei, antwortete er: »Glück.«

Das zeigt: Glück ist ein hochaktuelles Thema – und verkauft sich bisweilen besser als die Bibel. Dabei ist auch sie ein wahrer Glücksratgeber. Ihr geht es allerdings um mehr als Glück: um Glückseligkeit. Die Bergpredigt ist *der* Glücks-Text der Bibel. Lassen Sie uns also zunächst einmal den Kontext anschauen, dann auf die neuen Seligpreisungen einzeln eingehen und abschließend schauen, was das für uns heute bedeutet. Ich lege die Übersetzung für den Kirchentag zugrunde.

> *Als Jesus die Menschenmengen sah, stieg er auf den Berg.*
> *Er setzte sich, und seine Jüngerinnen und Jünger kamen zu ihm.*
> *Er tat seinen Mund auf, lehrte sie und sprach: (Mt 5, 1 f.)*

Eine schöne Szene, die Ruhe ausstrahlt. Ein Berg, alle Versammelten sind etwas abgehoben vom Alltag der Ebene. Jesus setzt sich. Diejenigen, die so wichtig finden, was er sagt und tut, die Hoffnung in ihn setzen, scharen sich um ihn. Und er hält – so der Evangelist Matthäus – eine seiner ersten öffentlichen Reden.

Ein wenig erinnert die Szene an Moses auf dem Berg Horeb, und das ist gewollt. Jesus erläutert die Regeln des Reiches Gottes, wie Mose die Zehn Gebote als Weisung erhält. Die Anerkennung der Tora steht nicht infrage, das wird hier deutlich. Auch die sitzende Haltung in Anlehnung an Schriftgelehrte und Pharisäer, so Peter Fiedler in seinem Kommentar, unterstreicht die Autorität Jesu und zeigt: »Die hier beginnende Lehre Jesu auf dem Gottesberg, die an der Tora orientierte Lehre, also Tora-Auslegung für die Gemeinde des Mt ist, kann trotz der Polemik des Mt nicht in Gegensatz zur pharisäisch-schriftgelehrten Tora-Auslegung gebracht werden. Vielmehr sind sie in einer Weise aufeinander bezogen, die durch die Auslegung geklärt werden muss.«[33] Mir erscheint das wichtig: Die Seligpreisungen sind nicht vollkommen neue Lehre, ein Absetzen Jesu von der Tradition seines eigenen, jüdischen Glaubens. Nein, er nimmt darauf Bezug und setzt seinen ganz eigenen, neuen Akzent.

So, wie sie überliefert wurden, sind die Seligpreisungen einer der schönsten Texte der Bibel. Wir haben eine sehr bewusst konzipierte Rede des Matthäusevangeliums vor uns, das ungefähr in den Jahren 80 bis 90 entstanden ist. Exegetinnen und Exegeten sind überzeugt, dass sie sich zum großen Teil auf Worte Jesu bezieht. Darauf verweist auch das Lukasevangelium, das die sogenannte Feldrede, Kapitel 6, 20–49 mit Seligpreisungen beginnen lässt – allerdings nicht in einer so durchkomponierten Form. Bei Matthäus sind die Seligpreisungen Auftakt der Bergpredigt, die über das Vaterunser bis zu den Gerichtsworten geradezu programmatisch beschreibt, was die Botschaft Jesu ist. Als der Gesalbte, als Messias, verkündet er den Armen Gerechtigkeit, wie es der Prophet Jesaja angekündigt hat. Etwa Jesaja 11,4, wo es über den, auf dem der *Geist des Herrn* ruht, heißt: Er *wird mit Gerechtigkeit richten die Armen und rechtes Urteil sprechen den Elenden im Lande, und er wird mit dem Stabe seines Mundes den Gewalttätigen schlagen* ... Oder denken wir an Jesaja 61,1: *Der Geist Gottes des Herrn ist auf mir, weil der Herr mich gesalbt hat. ER hat mich gesandt, den Elen-*

den gute Botschaft zu bringen, die zerbrochenen Herzen zu verbinden, zu verkündigen den Gefangenen die Freiheit, den Gebundenen, dass sie frei und ledig sein sollen ... Um einen neuen Bund geht es, in dem die kommende Gerechtigkeit Gottes Maßstab ist für das Verhalten der Kinder Gottes in ihrer Zeit und Welt.

Zwei Begriffe stehen dabei im Zentrum: selig beziehungsweise glücklich oder auch glückselig sein und das Reich Gottes. Der griechische Begriff makarios ist schwer zu übersetzen. Ich denke, die Übersetzung für diesen Kirchentag hat mit »glückselig« einen guten Ansatz gefunden. Makarios hatte für die Hörerinnen und Hörer Jesu nicht einen Glücksbegriff im Zentrum, wie wir ihn heute in banaler Form kennen: Don't worry, be happy. Eine etwas oberflächliche Lebensform. Makarios waren in griechischer Literatur nur Götter, später auch reiche Menschen, denen es so gut ging wie Göttern.[34] Christine Gerber schreibt: »Die mit makarios beginnenden Sätze haben eine den damaligen Hörern und Leserinnen vertraute Form. Solche so genannten Makarismen folgten derselben Struktur: Am Anfang steht pointiert das Wort ›glückselig‹, dann eine Beschreibung der Menschen, die so sind, dann oft eine Begründung.«[35] So werden Menschen gepriesen, denen es überdurchschnittlich gut geht – bei Homer etwa auch ein Mann, der eine gute Frau hat (Odyssee 24, 192 f.). Oder Psalm 1: Wohl dem, der nicht wandelt im Rat der Gottlosen ... der ist wie ein Baum gepflanzt an den Wasserbächen ... und was er macht, gerät wohl.

Die Komödie »Happy-Go-Lucky« von Mike Leigh, zu deutsch unbeschwert, sorglos, die im 2008 in den Kinos lief, erzählt von der Grundschullehrerin Pauline, die geradezu unverwüstlich glücklich ist. Es gibt viel zu lachen, wenn sie sich weder von einem griesgrämigen Fahrlehrer noch von ihrer Schwester noch von anderen Hindernissen in ihrer Fröhlichkeit einschränken lässt. Und doch: Was ist die Ursache solcher Lebenshaltung? Die Gene? Die Einstellung? Was macht einen Menschen glücklich? Wie beschreiben wir eine glückliche Lebensform? Erfüllung,

Geld, Liebe, Partnerschaft, Glaube, Kinder? Halten wir einen Moment inne. Wann waren Sie das letzte Mal glücklich? Richtig glücklich, selig, mit diesem warmen Gefühl: Es ist wunderbar jetzt, dieser Augenblick, diese Situation, ich bin mit meinem Leben, meinen Lieben, meinem Glauben in absolutem Einklang. Ein Gefühl der Glückseligkeit meine ich, wie es Hanns Dieter Hüsch beschrieben hat: »Ich bin vergnügt, erlöst, befreit, Gott nahm in seine Hände meine Zeit: mein Fühlen, Denken, Hören, Sagen, mein Triumphieren und Verzagen, das Elend und die Zärtlichkeit.«[36]

Es geht nicht um unablässiges Lächeln, sondern um ein Leben in Fülle. Ein Leben, in dem ich auch meine Schwächen, meine Ängste, mein Versagen integrieren kann und trotzdem nicht meine, ich sei gescheitert. Ein Leben, das hinsehen kann auf die Herausforderungen unserer Zeit, die Zerstörung, die Gewalt, das Leid und dennoch nicht sagt, dies sei keine Welt, in die Kinder geboren werden sollten. Es gilt, eine innere Balance und Zufriedenheit zu gewinnen, sich auch angesichts von Problemen im Einklang zu finden mit dem eigenen Leben. Und gleichzeitig geht es darum, sich nicht einschläfern zu lassen, sondern aufzubegehren gegen Unrecht und Gewalt. Es gibt Tage, da entsteht das tiefe innere Gefühl einer solchen Balance. Zumindest für den Moment ist alles gut und im Einklang. Solche Situationen sind rar im Leben. Allzu oft rennen wir an diesem Gefühl vorbei, uns fehlt die Zeit, es wahrzunehmen. Aber wenn sie dann da ist, die große Liebe, der besondere Moment, der Durchbruch oder Erfolg, auf den wir gehofft haben, wenn unser Engagement Früchte bringt, dann scheint es, als stehe die Welt einen Augenblick lang still. Und dann sind wir glücklich. Tiefe Momente im Leben sind das, die wir selten vergessen. Der Theologe und Philosoph Thomas von Aquin (1225–1274) sagte: *Ultimus finis hominum est beatitudo*, das letzte Ziel des Menschen ist das Glück – sind wir da wieder ganz nahe am Buddhismus und der Aussage des Dalai Lama? Das werden wir uns gleich bei den einzelnen Seligpreisungen näher anschauen. Sie sehen Glück oder auch Glückseligkeit nämlich nicht als individuelle Lebenserfüllung, sondern darin, Teil einer Gemeinschaft oder auch eines Gemeinwesens, des Volkes Gottes zu sein.

Der andere zentrale Begriff in den Seligpreisungen ist die *basileia tou theou*, das Reich Gottes oder auch das Himmelreich. Es ist eine Hoffnung auf die Zukunft, wie viele der Seligpreisungen ja auch Verheißungen auf Zukunft hin sind: sie WERDEN getröstet werden, sie WERDEN Gott schauen. Interessant ist die Spannung, die Jesus dadurch erzeugt, dass er davon spricht, wie die zukünftige Welt Gottes das Diesseits verändert. Weil wir die Welt im Licht von Gottes Himmelreich sehen, haben wir eine neue Perspektive. Es ist ein tiefes Missverständnis, das als Vertröstung auf ein vermeintlich besseres Jenseits zu sehen. Das gibt die notwendige Widerstandskraft, gegen ungerechte Verhältnisse, Gewalt und Zerstörung mitten in dieser Welt anzutreten. Die Hoffnung auf das Reich Gottes ermutigt, das Reich der Welt infrage zu stellen.

Schauen wir uns nun die acht Seligpreisungen im Einzelnen an.

Glückselig sind die bis ins Innerste Armen, denn ihnen gehört die gerechte Welt Gottes. (5,3)

Dieser Vers wird oft reduziert auf in irgendeiner Weise »geistig Minderbemittelte«, so Christine Gerber.[37] Die Kirchentagsübersetzung räumt mit dieser Einschränkung auf. Es geht um materiell Arme und Menschen, die arm sind, weil sie am Leben verzweifeln, alle also, die in irgendeiner Weise arm sind. Armut ist seit biblischen Zeiten eine Geißel der Menschheit. Nie aber waren so viele Menschen arm wie heute!

Die Statisktik der Welthungerhilfe (2010) sagt: Weltweit hungern etwa 925 Millionen Menschen (FAO, September 2010). In 29 Ländern ist die Hungersituation für die Menschen sehr ernst oder gravierend – also in beinahe jedem 6. Land der Welt (Welthunger-Index (WHI) 2010). Zwei Drittel der weltweit an Hunger leidenden Menschen leben in nur sieben Ländern: Bangladesh, China, DR Kongo, Äthiopien, Indien, Indonesien und Pakistan (FAO, September 2010). In Entwicklungsländern sind 195 Millionen Kinder unter fünf Jahren zu klein für ihr Alter und damit unterentwickelt (WHI 2010). Über 90 Prozent der unterentwickelten Kinder leben in Afrika (WHI 2010). 129 Millionen Kinder in Entwicklungsländern sind untergewichtig (WHI 2010). 42 Prozent der untergewichtigen Kinder weltweit leben in Indien (WHI 2010). Jährlich sterben etwa 2,2 Millionen Kinder weltweit an den Folgen von Mangel- und Unterernährung – das sind 6027 Kinder täglich (WHI 2010).

Diese Zahlen tun weh, erschüttern, verstören. Weil hinter jeder Zahl ein Schicksal steckt, ein Leben, Hoffnung, Elend, Zerstörung. Was eigentlich, wenn täglich 6027 Westeuropäer an Hunger sterben würden? Wie alarmiert wären wir, wenn wir es schon bei 10 Toten durch das EHEC-Virus sind? Kann es sein, dass Sterben an Armut in den Ländern des Südens schlicht uninteressanter ist als Sterben in reichen westlichen Industrienationen? Wo ist denn da die »gerechte Welt Gottes«?

Die Unternehmerin Tina Voß schreibt zu diesem Vers: »Armut hat viele Gesichter in der Welt. Es fällt mir schwer zu entscheiden, ob die Armut in Hannover schlimmer ist als die Armut in den Entwicklungsländern der Welt ...«[38] Ja, Tina Voß hat Recht, das lässt sich nicht vergleichen. Ein Kind, das auf einer Müllhalde auf den Philippinen geboren wird, ist anders arm als ein Kind in einer Familie, die auf Hartz IV angewiesen ist. Aber arm sind sie beide! Weil sie sich nicht beteiligen können an der Gesellschaft, keine Bildungschancen haben, gesundheitlich benachteiligt sind. Ihre Entfaltungsmöglichkeiten sind eingeschränkt. Aber Kinderarmut ist nicht interessant, politisch hat sie kein Gewicht, ökonomisch ist sie irrelevant. Dafür kann ich einen Beleg aus persönlicher Erfahrung liefern. Am 1. Januar 2010 habe ich in der Frauenkirche in Dresden eine Predigt gehalten, die vom Fernsehen übertragen wurde. Gegenüber dem banalen Spruch »Alles wird gut!« habe ich an drei Punkten erklärt: »Nichts ist gut!« Das betraf die Klimakatastrophe, den Bundeswehreinsatz in Afghanistan und die Kinderarmut in Deutschland. Während der Satz »Nichts ist gut in Afghanistan« mir um die Ohren geschleudert wurde, zu politischen Anfragen führte und zu großer Aufmerksamkeit sowie heftigen Auseinandersetzungen, hat offensichtlich niemanden der darauf folgende Absatz interessiert: »Nein, es ist nicht alles gut, wenn so viele Kinder arm sind im eigenen Land. Diese Kinderarmut versteckt sich oft ganz still im Hintergrund. Da erzählt mir eine Mutter, dass die Klasse ihres 15-jährigen Sohnes einen Auslandaufenthalt geplant habe. Sie konnte das erforderliche Geld nicht aufbringen. Die Klasse wollte ihn unbedingt dabeihaben und gemeinsam haben sie das notwendige Geld aufgetrieben. Aber der Sohn wollte nicht mitfahren, weil er sich zu sehr geschämt hat, dass andere für ihn bezahlen. Selbst als der Lehrer anrief, ließ sich ihr Sohn nicht umstimmen. Er blieb als Einziger zuhause.« Es ist doch merkwürdig. Diese Passage hat niemand zitiert, obwohl die Predigt für so viel Aufmerksamkeit und Kritik sorgte. Sie erschien offenbar niemandem als Provokation, da das Thema Kinderarmut ganz offensichtlich keine Relevanz und keine Lobby hat. Da handelt es sich meines Erachtens um eine tiefe Fehleinschätzung. Natürlich ist der Afghanistaneinsatz eine eminent kritische Frage. Aber Kinderarmut ist ebenso relevant und zwar in sozialer, politischer und ökonomischer Dimension!

Oder ist da doch schlicht und einfach die Arroganz gegenüber der Armut? Die Armen sind selbst schuld? Gern wird über sie gelacht, wenn sie sich als Prekariat im Fernsehen selbst lächerlich machen. Oder es wird sich empört, weil sie angeblich Schmarotzer sind. Willkommen sind sie nicht in unserer Gesellschaft, wenn sie aus Afrika kommen und Zuflucht suchen, Zukunft, Heimat. Manches Mal sind sie Objekte unserer Hilfe, aber selten Subjekte der Begegnung. Das ist auch theologisch so, die Armen oder auch geistlich Armen werden selten als Subjekte angesehen mit einer Überheblichkeit nach dem Motto: Gottes Wille und die Aussagen der Bergpredigt kann nur verstehen, wer studiert hat und reflektieren kann. Es geht nicht um Wissen und um Reflektiertheit, sondern es geht darum, das vom Evangelium zu leben, was man verstanden hat, hat Frère Roger einmal so schön gesagt. Oder ich denke an das Evangelium der Bauern von Solentiname, in dem Ernesto Cardenal wiedergibt, wie Bauern in Nicaragua die biblischen Geschichten verstehen, und ganz neue Einsichten zeigt, die eine enorme Horizonterweiterung darstellen und auf die wohl kaum ein Exeget am Schreibtisch gekommen wäre. Akademische Theologen sind versucht, die Nase über so einfache Erklärungen und Auslegungen der Bibel zu rümpfen, und bezichtigen sie der »präreflektiven Unmittelbarkeit«[39]. Dabei vergessen sie: Gerade den »bis ins Innerste Armen« gehört die gerechte Welt Gottes. Eine schöne Übersetzung. Ja, das wird vollendet erst in Zukunft so sein. Aber sie ist eine Herausforderung für all das Unrecht unserer Welt hier und jetzt. Wir können die gerechte Welt Gottes nicht denken, ohne uns über das Unrecht in unserer Welt zu empören. Die gerechte Welt Gottes zeichnet Jesus schon vor – und sie wird wie seit 2000 Jahren auch in Zukunft eine Herausforderung sein, Unrecht anzuprangern.

Glückselig sind die Trauernden, denn sie werden getröstet werden.
(5, 4)

»Sie ist einfach untröstlich«, sagt mir die Tochter über ihre Mutter, deren Mann ich vor einigen Monaten beerdigt habe. Sie findet keinen Trost über diesen Tod, diesen Verlust. Allein fühlt sie sich, verlassen. Und niemand ist da, der sie aufrichten kann. Sie findet nicht heraus aus der Spirale von Unglück, Angst, Verlassensein. Trost-los ist ihr Leben geworden. Traurig, grau, ohne Ziel, ohne Farben, ohne Glück. Wer trostlos ist, befindet sich im Abseits des pulsierenden Lebens. Er gehört nicht dazu. Sie ist kein Zentrum der Kommunikation. Ohne Trost sein, das ist fast nicht ganz bei Trost sein. Es macht zum Außenseiter. Du wirst zur »schwierigen« Person.

Trost ist bei alledem ein sehr schönes Wort, finde ich. Wie wunderbar ist es, getröstet zu werden. *Ich will euch trösten, wie einen seine Mutter tröstet*, heißt es beim Propheten Jesaja (66,13). Was für ein bewegendes Gottesbild! Gott als tröstende Mutter. Gott nimmt mich in die Arme mit all meinem Kummer, meiner Einsamkeit, mit all meiner Verzweiflung und mit all meinen Fragen. Ich darf weinen um meine Verluste, kann schluchzen, erzählen, meinem Jammer freien Lauf lassen. Und werde nicht verurteilt, nicht beurteilt, muss mich nicht zusammenreißen, sondern darf einfach jetzt so sein. Jeder Mensch auf der Welt wird begreifen, was das heißt. Auf diese Weise getröstet zu werden, das bleibt wohl eine lebenslange Sehnsucht. So wie die Mutter, die das Kind in den Arm nimmt, das sich die Knie aufgeschlagen hat. Wie der Vater, der tröstet, wenn die Schulklausur danebengegangen ist. Wie die Mutter, die dich in den Arm nimmt beim ersten Liebeskummer. »Komm erst einmal her und lass dich trösten.« Das heißt auch, ich muss nicht gleich Lösungen finden, es ist jetzt nur Zeit für Trost. Das Kind weiß, es ist angenommen, gehalten, mit allen Fehlern und aller Verletzung.

Danach sehnen wir uns auch als Erwachsene. Dass uns jemand hält und trägt. Und doch erleben wir so oft Enttäuschungen. Je älter Menschen werden, desto weniger wagen sie es wohl, solchen Trost zu erbitten, zu erhoffen, sich einfach fraglos fallen zu lassen. Da ist dann eher Selbstkontrolle angesagt. Oder die Attitüde von: Ich schaff das schon! Wer Trost braucht, zeigt Schwäche. Manchmal wissen wir nicht, wie trösten. Denn Trauer geht tief. Sie braucht Zeit und Raum und Geduld. Trösten zu können, ist ja eine Position der Kraft, der Stärke. Es ist schön, trösten zu können, auch weil ich weiß, jemand vertraut sich mir so ganz und gar an. Wer des Trostes bedürftig ist, befindet sich immer in einer ungeschützten Lebenslage. Es sind die großen

Verletzungen der enttäuschten Liebe, der verlorenen Lebenschance, der ungetrockneten Tränen, der Krankheit, die uns einsam machen. Es gibt die gebrochenen Herzen, die zerbrochenen Träume, die verlorenen Hoffnungen, die unerfüllten Pläne in jedem Leben. Gebrochen. Zerbrochen. Das ruft die tiefe Sehnsucht nach Trost in uns wach.

Was aber das menschliche Auge als Sackgasse oder Scheitern sieht, kann das Auge des Glaubens als Lebenstiefe erkennen. Die Welt ist eben kein perfekter Ort und Menschen sind nicht fehlerfrei. Das Leben ist nicht makellos. Genau da tröstet uns Gott: Dein Leben hat Sinn, auch wo du mit Angst und Verlust kämpfen musst. Das führt übrigens in der Konsequenz gerade nicht zu einer Art Weltflucht. Es ist keine Vertröstung auf ein besseres Jenseits, um Ungerechtigkeiten der Welt zu rechtfertigen. Sondern es bringt eine radikale Freiheit im Gepäck, sich einzumischen in die Welt. Klar einzutreten für Gerechtigkeit schon in dieser Welt, weil nur so eine Spur von Gottes zukünftiger Welt gelegt wird. Weil die Todesangst überwunden ist, entsteht eine radikale Freude am Leben, die dafür streitet, dass Menschen das Leben in Fülle haben. Alle Menschen, nicht nur eine Elite der Menschheit. Glaube kann trösten. Nein, nicht vertrösten auf ein vermeintlich besseres Jenseits. So wird Glaube oft dargestellt, als ein Notnagel für Menschen mit Furcht vor dem Tod. Ein »Opium des Volkes« sozusagen, mit dem Menschen sich selbst betäuben, um die Welt besser ertragen zu können. Getrost sein. Das hört sich nach einer wunderbaren Lebenshaltung an. Wahrscheinlich ist es eine Glaubenshaltung. Getrost. Ich bin ganz bei Trost. Und getrost. Getröstet und ermutigt.

Vielleicht lässt sich über Trost gar nicht schreiben oder reden. Vielleicht lässt sich Trost nur erfahren, erspüren, erdichten, er-singen. Trost ist ein Vorgang, ein Beziehungsgeschehen zwischen Menschen, zwischen Mensch und Gott. Gerade, wenn unsere Flügel gebrochen sind, wir *on broken wings*, mit gebrochenen Flügeln leben müssen, sind wir ja dünnhäutig, anfällig für Kritik, wissen nicht, wie es weitergehen soll. Wir haben das tiefe Bedürfnis nach Nähe und Gehaltensein, danach, uns anvertrauen zu können. Eine Schulter zum Anlehnen suchen wir, einen Platz, an dem wir Zuflucht finden können. Ohne Fragen, ohne Problemgespräche, eine Situation des Angenommenseins. Ein Ohr, das zuhört. Jemand, der annimmt, ohne zu urteilen. Einen Raum ohne Lösungsvorschläge. Trost ist eine Erfahrung frei von allen Wegweisungen. Es geht darum, angenommen zu sein, schlicht in den Arm genommen werden will ein Mensch, der Trost sucht.

Friedrich Spee hat das in einem meiner liebsten Weihnachtslieder wunderbar gedichtet. Er lebte am Anfang des 17. Jahrhunderts (1591–1635) und erfuhr unendlich viel Not: den Dreißigjährigen Krieg, die Pest, Hexenverbrennungen. Gerade die als Hexen verurteilten Frauen, die er auf ihrem Weg zum Scheiterhaufen begleitet, rühren ihn, den jungen Jesuitenpater, zutiefst an, es ist eine furchtbare Erfahrung für ihn. In den Verbrennungen sieht er Finsternis und Jammertal, aber nicht Gottesurteile oder gar Recht. Gott ist für ihn nicht der Vollstrecker menschlicher Wahnvorstellungen. Um Hoffnung und Trost geht es ihm: »O Heiland, reiß die Himmel auf«, dichtet er in Anlehnung an Jesaja 45, 8. Das ist ein Schrei nach Trost.

Wo bleibst du, Trost der ganzen Welt,
Darauf sie all' ihr' Hoffnung stellt?
O komm, ach komm vom höchsten Saal,
Komm tröst uns hie im Jammertal.

Wo bleibst du, Trost der ganzen Welt? Spees Frage ist oft auch unsere Frage. Wie kann so viel Trostlosigkeit in dieser Welt existieren? Vielleicht müssen wir diese Frage so stehen lassen. Den gebrochenen Flügel akzeptieren als Teil des Lebens. Die Sehnsucht nach Trost mag uns umtreiben, selbst andere Menschen zu trösten. Wir können uns dafür öffnen, dass wir selbst Tröstende sind. Offen hinschauen, wo andere mit ihrem Kummer kämpfen. Und immer wieder darauf hoffen, dass wir getröstet werden. Dazu gehört auch der Mut, sich anzuvertrauen und zu öffnen. Vielleicht ist da jemand, der uns gern trösten würde, aber wir sind gar nicht offen dafür. Trost bedeutet nicht das Ende von Leid. Aber es meint eine Erfahrung, dass ich mit meinem Leid aufgenommen und umarmt werde. Von anderen Menschen. Und von Gott. Schon jetzt und erst recht in Gottes Zukunft.

Glückselig sind, die Mut zur Gewaltlosigkeit zeigen,
denn sie werden das Land erben. (5,5)

Im vergangenen Jahr nahm ich an einer Friedenskonferenz von Frauen in den USA teil. Zu Beginn wurde ein Film gezeigt: »Pray the devil back to hell« – Bete den Teufel in die Hölle zurück. Der Film hat mich schockiert und begeistert zugleich. Er erzählt vom Bürgerkrieg in Liberia. Die Brutalität der marodierenden Banden, bewaffnet mit Gewehren und Macheten, wird auf bedrückende Weise deutlich. Sie lachen laut, diese Jungen, während sie einen Mann hinknien lassen und ihm den Kopf abhauen. Eine Frau schildert weinend, wie sie mit einem Messer am Hals zusehen musste, wie auf der einen Seite ihr Mann erstochen, auf der anderen ihre zwölfjährige Tochter brutal vergewaltigt wurde. Sie hat monatelang kein Wort sprechen können nach diesem Erleben, diesem Überleben. Ich fand in der Tat, der Teufel war sichtbar in diesen Bildern. Angst und Schrecken und die Lust am Bösen auf der anderen Seite, ein offensichtliche Freude an Gewalt, Erniedrigung und Zerstörung. Da ist das, was die Bibel als das Böse oder den Teufel bezeichnet, sehr anschaulich.

Aber da waren auch mutige Frauen, Christinnen, Musliminnen, die der Gewalt ein Ende bereiten wollten. Am meisten beeindruckt mich Vaiba K. Flomo aus Liberia. In einer kleinen lutherischen Kirche hat sie mit anderen Frauen in der Hauptstadt Liberias die Bewegung in Gang gesetzt, die schließlich zum Frieden führte. Großartig ist, zu sehen, wie christliche und muslimische Frauen einfach die religiösen Grenzen auch gegen die

Skepsis ihrer geistlichen Leitenden überwinden und sich miteinander auf diesen Weg einlassen. Und es ist beeindruckend, wie mutig und kreativ die Frauen den Friedensprozess schließlich in Gang gesetzt haben. Als die Friedensverhandlungen in Accra (Ghana) nach sechs Wochen stagnierten, blockierten sie die Tür – bis endlich etwas in Gang kam. Es ist eine lange, tragische Geschichte, die gut endet. 2005 wurde mit Ellen Johnson-Sirleaf eine Frau ins Präsidentenamt gewählt.

»Gewalt überwinden« war deshalb in den vergangenen zehn Jahren Thema einer Dekade des Ökumenischen Rates der Kirchen, die auf der Vollversammlung 1998 in Harare nach vielen Schwierigkeiten beschlossen wurde. Während der Zentralausschusstagung 2001 in Berlin wurde diese Dekade offiziell eröffnet. Das war für mich ein sehr bewegender Moment. Wir zündeten Kerzen in der Nähe des Brandenburger Tors an, wo eine Mauer nicht nur mein Land, sondern auch Europa 28 Jahre lang geteilt hatte. Einer der Gründe für den Zusammenbruch der Mauer lag darin, dass Christen und Christinnen in der Deutschen Demokratischen Republik immer wieder Freiheit, Gerechtigkeit, Frieden und die Bewahrung der Schöpfung gefordert hatten. Von den Kirchen in Leipzig, Dresden und Ost-Berlin brachten sie den Aufruf »Keine Gewalt« auf die Straßen dieser Städte und trugen entscheidend dazu bei, dass eine gewaltlose Revolution möglich wurde.

Vorletzte Woche wurde die Dekade in Jamaika beendet. Aber die vergangenen zehn Jahre haben die Welt nicht in einen friedlichen Ort verwandelt. Seit dem 11. September 2001 haben der Terrorismus und der sogenannte »Krieg gegen den Terrorismus« unvorstellbares Leid gebracht. Terroristen wie Bin Laden sahen und sehen sich als Vollstrecker des göttlichen Willens im Namen des Islam. Länder, die sich selbst zur Demokratie erklären, haben sich in die Irre führen lassen, benutzen Begriffe wie »Kreuzzug« und »Achse des Bösen«, um militärische Aktionen und die scheinbar legitime Forderung »Töten oder gefangen nehmen« zu legitimieren! Der Waffenhandel weitet sich schnell und immer weiter aus. Nach Angaben des SIPRI (Stockholm International Peace Research Institute) ist der deutsche Anteil am internationalen Waffenhandel zwischen 2005 und 2010 auf 11 Prozent gestiegen und wird nur noch von Russland mit 23 Prozent und den USA mit 30 Prozent überrundet. Das bedeutet: Unsere Volkswirtschaften profitieren von der Gewalt und dem Krieg, den wir beklagen. Die Kirchen können angesichts dieser furchtbaren Situation nicht schweigen!

Es ist heute offensichtlich, dass die Religion eine entscheidende Rolle bei Friedensanstrengungen und der Überwindung von Gewalt spielt. Der römisch-katholische Theologe Hans Küng sagt: Es gibt keinen Frieden unter den Nationen ohne Frieden unter den Religionen. Es ist an der Zeit, dass die Religion sich weigert, missbraucht zu werden, indem Öl auf das Feuer des Krieges und des Hasses gegossen wird. Es ist an der Zeit, konsequent zu verneinen, dass es irgendeine theologische Legitimation für Gewalt gibt. Es gibt keinen gerechten Krieg – das ist es, was wir aus der Geschichte gelernt haben. Es gibt nur einen gerechten Frieden. Und dieser erfordert Kreativität, Zeit, Engagement und Geld. In einer überzeugenden Studie hat Markus Weingardt 40 internationale Konflikte untersucht und dokumentiert, welch großen Einfluss religiös motivierte Menschen auf Friedensanstrengungen ausüben können. Sie sind in der Lage, Brücken zwischen den Konfliktparteien zu bauen, weil ihnen Vertrauen geschenkt wird. Sie verfügen über Friedenssymbole wie das gemeinsame Gebet. Sie wagen es, mit dem »Feind« zu sprechen. Wir alle wissen, dass diejenigen, die an Gewaltlosigkeit glauben, oft als naiv angesehen werden und dass ihnen unterstellt wird, die Realität von Macht und Politik nicht zu verstehen. Das sollten wir akzeptieren. Jesus selbst war naiv, wenn wir sein Leben mit den Maßstäben des Erfolgs messen. In den Augen der Welt scheiterte er, wurde verurteilt, litt und starb. Aber dieser sterbende Mann am Kreuz hat von dem

Moment an alles Machtstreben und all jene herausgefordert, die ans Siegen glauben. Die Macht der Liebe ist größer als die Macht der Waffen und der Gewalt. Genau das glauben wir. Welch eine Botschaft! Wir glauben an Gott, der nicht allmächtig ist, sondern als Kind geboren wurde, unter der Folter starb und – ohne Gewalt und ohne Macht – eine Herausforderung für Gewalt und Macht darstellt. Für Christinnen und Christen ist das der Orientierungspunkt. Sie sind ebenso wie die Kirche immer in die Irre gegangen, wenn dies vergessen wurde und wenn Gewalt und zerstörerische Macht legitimiert wurden.

Ein schönes aktuelles Beispiel für kreativen Widerstand gegen Gewalt ist die sogenannte Radiohexe, die ich vor Kurzem kennengelernt habe. Jeden Samstag sendet sie in Nicaragua ein Programm, in dem über Gewalt von Männern gegen ihre Frauen berichtet wird. Mutig ist sie! Manche sagen, sie geht zu weit. Aber sie sagt: Solange Polizei und Gerichte diese Gewalt nicht ahnden, werde ich senden. Die christliche Initiative Oscar Romera aus Münster unterstützt sie. Und Männer in Nicaragua, die ihre Frauen schlagen, misshandeln, vergewaltigen, fürchten sie. Auch eine Form kreativer Gewaltlosigkeit.

> *Glückselig sind, die hungern und dürsten nach Gerechtigkeit,*
> *denn sie werden gesättigt werden.* (5,6)

Gerechtigkeit ist ein großes Wort, gewiss. Was ist gerecht – was ist ungerecht? Wir sind wahrhaftig nicht die ersten Menschen, die diese Frage bewegt. Weltweit ist Gerechtigkeit ein Thema, das uns schnell an den Rand der Verzweiflung bringt. Ein Fünftel der Weltbevölkerung verbraucht 80 Prozent des Welteinkommens. Alle fünf Sekunden stirbt ein Kind an Unterernährung. 46 Prozent der Weltbevölkerung müssen mit zwei Euro am Tag überleben, während eine deutsche Kuh von der EU mit zwei Euro am Tag subventioniert wird. Und gleichzeitig kämpfen Landwirte in unserem Land um ihre Existenz. Ein Teufelskreis von Ungerechtigkeit ist das.

Wer nach Gerechtigkeit fragt, der fragt nach Grundlagen des Zusammenlebens von Menschen in kleineren oder größeren Gruppen, in ganzen Ländern, ja weltweit auf dem Globus. Wenn in der Bibel im Alten und Neuen Testament über Gerechtigkeit geredet wird, so geschieht dies in einer uns zum Teil heute durchaus fremden Weise: Es wird nämlich von der *Gerechtigkeit Gottes* geredet. Gerechtigkeit ist hier nicht zuerst die Verteilung von Gütern, die Menschen unter sich nach Maßgabe von Interessen oder Kriterien aushandeln, sondern Gerechtigkeit ist ein Verhalten, wie Gott es von den Menschen erwartet, sie ist eine Kategorie der Beziehung. Gerechtigkeit in der Bibel, vor allem im Alten Testament, ist als Gemeinschaftstreue zu verstehen. Wer sich gerecht verhält, der verhält sich treu zur Gemeinschaft, in der er lebt, und treu zu Gott, der diese Gemeinschaft trägt und sichert. Der Einzelne trägt etwas zu dieser Gemeinschaft bei und die Gemeinschaft verhält sich mit ihm solidarisch, wenn es nötig ist. Die Beziehung ist wechselseitig: Nie kann es gerecht sein, dass der Einzelne sich auf Kosten der Gemeinschaft bereichert, noch kann es gerecht sein, dass die Gemeinschaft den Einzelnen bevormundet oder knechtet. Es geht um Beziehungsgerechtigkeit. Deutlich wird auch, wie sehr Gerechtigkeit in der Bibel etwas Dynamisches ist, etwas, was nicht einfach vorhanden ist, sondern was gegen Ungerechtigkeit und Unterdrückung immer wieder durchgesetzt werden muss.

Das heißt konkret: Wir können unmöglich weiterhin auf Kosten der nächsten Generation Schulden machen – da geht es elementar um Generationengerechtigkeit. Wir brauchen Zukunftsperspektiven für die nachwachsende Generation. Alle sind aufeinander angewiesen, partizipieren an diesem Leib, keiner darf verloren gehen. Deshalb geht es auch um Partizipationsgerechtigkeit. Alle werden gebraucht, es sind viele Gaben, aber ein Geist, viele Glieder, aber ein Leib. Auch der kleine Zeh hat seine Funktion, nicht nur das Hirn oder das Herz.

Der Glauben an Gott, so sagt die Bibel, und die Teilhabe an

Gerechtigkeit stehen in einem Zusammenhang. Wer in der Wirklichkeit Gottes lebt, der will auch in der Wirklichkeit der Gerechtigkeit leben, in der Beziehung zu Gott und den Mitmenschen, in einem Dreiecksverhältnis sozusagen. Eins geht nicht ohne das andere.

So ist eine Erweiterung des Gerechtigkeitsbegriffs angesagt. Wir haben in unserem Land Jahrzehnte vor allem über Verteilungsgerechtigkeit diskutiert. Verteilungsgerechtigkeit zielte in gewisser Hinsicht auf die Gleichheit aller und war so als Leitwert wichtig. Was wir aber in unserer heutigen Situation entdecken, ist, dass wir alleine mit dieser Vorstellung von Gerechtigkeit nicht mehr zurecht kommen. Dies ist kein Wunder, denn in der gegenwärtigen Krise sind die Spielräume dessen, was verteilt werden kann, insgesamt erheblich geschrumpft. Es geht beispielsweise auch um Fragen der Befähigungsgerechtigkeit, das heißt der Investition in Humankapital in Bildung, Wissenschaft und Forschung. Was hier investiert wird, ist ein wesentlicher Beitrag zur langfristigen Sicherung von Gerechtigkeit, weil es eine Investition in die nächste Generation bedeutet. Bisher ist in diesem Bereich (siehe die PISA-Studien) Erhebliches vernachlässigt worden. Zentrale Frage der Gerechtigkeit heute ist Bildungsgerechtigkeit. Manche Eltern sehen Bildung gar nicht mehr als Ziel und Kinder sehen sich selbst von vornherein als Bildungsverlierer. Die Kinder-Studie von World Vision 2007 hat auf erschütternde Weise gezeigt, dass Acht- bis Elfjährige in unserem Land nicht glauben, dass sie eine Chance haben, aus dem Teufelskreis von ökonomischer Armut und Bildungsarmut zu entkommen. Türkische Einwanderer setzen übrigens große Hoffnungen auf die Bildungsleistung ihrer Kinder, ganz anders als populistische Pamphlete vermuten lassen. Eine Studie von Wissenschaftlern der Universität Bamberg zeigt aktuell, dass türkische Einwanderer für ihre Kinder hohe Bildungsziele haben.[40] Sie wünschen sich, dass ihre Kinder einen guten Schulabschluss machen, möglichst studieren. Allerdings haben sie keinerlei Erfahrungen mit dem deutschen Schulsystem, kennen die Regeln nicht, wissen nicht, dass und wie sie ihre Kinder fördern können. Sie fühlen sich fremd und das führt zu Enttäuschungen bei ihnen wie den Kindern, wenn die schulische Karriere ins Aus führt. Wie hier Ansätze der Integration, der Beratung, eines Zugehens auf das deutsche Schulsystem ermöglicht werden können, ist eine entscheidende Frage. Der Anknüpfungspunkt jedenfalls ist ganz offensichtlich vorhanden.

Martin Luther hat immer wieder darauf beharrt, dass die Bibel der Maßstab für das Gewissen und das Handeln von Menschen sei. Deshalb hat er die Bibel in die deutsche Volkssprache übersetzt, damit Menschen sich verständigen und ihr Gewissen selbst schärfen können. Das war eine ungeheure Integrationsleistung. Bis dahin konnten sich ein Sachse und ein Ostfriese kaum verständigen – mir ist klar, dass es da auch heute manches Mal noch Probleme gibt. Grundsätzlich aber integriert Sprache. Deshalb ist es richtig und wichtig, Sprachkompetenz zu fördern. Der Nobelpreisträger Amartya Sen hat in seinem Buch »Ökonomie für den Menschen«[41] die Erweiterung von Freiheit sowohl als Zweck an sich wie auch als oberstes Ziel für wirtschaftliche und soziale Entwicklung definiert. Es geht auch um Beteiligungsgerechtigkeit, die den Gerechtigkeitsbegriff aus nationalen oder europäischen Horizontverengungen befreit.

Was den christlichen Impuls zur Gerechtigkeit anbetrifft, fasse ich zusammen:

- Gerechtigkeit ist im Sinne der Bibel etwas Dynamisches, eine Verhältnisbestimmung mit Blick auf Gott und Menschen, mit denen ich lebe.
- Christliche Gerechtigkeit zeigt sich im Symbol vom Leib mit den vielen Gliedern. Die vollkommen verschiedenen Menschen sind als Verschiedene aufeinander angewiesen. Genau dieses Verhältnis von Verschiedenheit und Angewiesenheit muss in jeder Gesellschaft immer wieder neu bestimmt werden. So erneuert sich Gerechtigkeit beständig.

- Und schließlich: Kriterium christlicher Gerechtigkeit ist und bleibt die Lage der Armen im eigenen Land, aber auch in der ganzen Welt. Wie es ihnen geht – daran misst sich, ob eine Gesellschaft gerecht ist oder eben nicht.

Aus dieser Perspektive fordert die Seligpreisung heraus, dem Globalisierungsgedanken eine neue Dimension zu geben. Nicht die Gewinnmaximierung von Unternehmen ist entscheidend, sondern die Frage, ob globales Handeln die Lage derer in der Welt verbessert, die wahrhaftig im Elend leben. Die Lebenssituation der Armen hat Auswirkungen auf den gesamten Gesellschaftskörper: Ein Christ, eine Christin kann nicht wirklich glücklich und zufrieden sein, wenn um ihn, um sie herum Menschen im Elend versinken. Nachhaltigkeit zum zentralen Ziel politischer Wirtschaftskonzepte zu machen, den Mut zu haben, von einer Ethik der Grenze zu sprechen und energisch dafür einzutreten, dass das Ziel von Globalisierung eindeutig soziale Gerechtigkeit für alle ist – darum wird es gehen. Ja, Gerechtigkeit hat nach biblischem Verständnis zum Maßstab, wie es den Schwächsten im Lande geht, also bei uns den Arbeitslosen, den Alleinerziehenden, den Asylsuchenden, den Obdachlosen, den Menschen mit Behinderungen und weltweit denen, die hungern, denen, die ohne Nahrung, Obdach, Bildung, Einkommen sind.

Glückselig sind, die barmherzig handeln, denn sie werden Barmherzigkeit erfahren. (5,7)

Eine Kirchenvorsteherin sagte mir vor einiger Zeit: »Ich kann die Geschichte vom barmherzigen Samariter nicht mehr hören! Die ist so ausgelutscht! Gibt es nicht auch noch andere Geschichten zu diesem Thema in der Bibel?« Und in der Tat, jener Samariter hat eine leicht ermüdende Anmutung. Der Begriff »Barmherzigkeit« allemal. Was aber ist Barmherzigkeit in unserer Zeit? Ist das eine alte muffige Tugend, die durch »zivilgesellschaftliches Engagement«, »praxisrelevante Zuwendung« oder »intensive care« ersetzt werden kann? Schlagen wir Johann August Eberhards Synonymisches Handwörterbuch der deutschen Sprache von 1910 auf, so heißt es: »*Barmherzigkeit* zeigt die Bereitwilligkeit, Leidenden zu helfen, in ihrer Quelle, in dem zu einem dauernden Zustande, zu einer festhaftenden Eigenschaft gewordenen Mitgefühl, *Erbarmen* die Wirkung dieses Gefühls in einzelnen Fällen an. Die *Barmherzigkeit* bewegt uns, mit einem Unglücklichen *Erbarmen* zu haben, und der *Barmherzige* kann keinen Leidenden sehen, ohne *Erbarmen* mit ihm zu haben. *Barmherzigkeit* verhält sich also zu *Erbarmen*, wie die Tugend zur Übung derselben.«

Barmherzigkeit ist demnach eine Eigenschaft, eine Haltung. Wertschätzung scheint mir bei der Frage nach der Barmherzigkeit ein Schlüsselbegriff. Sie ist noch mehr als eine Grundhaltung, sie begründet ganz unabhängig von der konfessionellen Bindung eine spezifische Tradition des Helfens, der Zuwendung, die mit einem bestimmten Menschenbild und Sozialitätsverständnis und vor allem dem prägenden Gedanken der Menschenwürde einhergeht. Einem solchen Leitbild folgend, darf und will sich soziale Arbeit nicht mit einem Wertschöpfungsbegriff abfinden, der sich in den Zielen »satt und sauber« erschöpft. Ich habe viele Altenheime besucht, Tageseinrichtungen für Demenzkranke, Wachkomastationen. Barmherzigkeit wird umgesetzt durch das pflegende Personal, dessen Haltung geprägt ist von einem hohen Ethos, von Respekt und Nächstenliebe, von ethischer Verantwortung, den Selbstwert der auf sie angewiesenen Menschen zu erhalten und zu stärken.

Das gilt gleichermaßen für die Gepflegten und Betreuten – wer ist schon gern auf Barmherzigkeit angewiesen? Wie kann die Würde gewahrt werden? Auch ihnen liegt ja daran, dass denen, die barmherzig sind, Anerkennung zukommt, das ist Teil des Kreislaufes der Barmherzigkeit, von dem die Seligpreisung spricht. Manches Mal kommt es zur Ausbeutung oder auch Selbstausbeutung zugunsten hilfsbedürftiger Menschen. Das darf nicht unterschätzt werden. Gerade in sozialen Berufen greift das Burnout-Syndrom um sich. Auch da gilt es, Sorge zu tragen, für angemessene Bezahlung politisch einzutreten und öffentliche Anerkennung für diese Berufe zu reklamieren; aber ebenso die ehrenamtlich Tätigen, die Menschen, die in Familien pflegen und betreuen, in den Blick zu nehmen. Es ist auch ein Akt der Barmherzigkeit, Grenzen zu ziehen. Das Nächstenliebegebot ist ja ein Auftrag mit drei Schlüsselpunkten: Gottesliebe, Nächstenliebe und Selbstliebe. Es wird darum gehen, auf einen politischen Willen zu drängen, die Arbeit der Barmherzigkeit auch in der Entlohnung besser wertzuschätzen. Es kann nicht angehen, dass die Tugend der Barmherzigkeit schamlos ausgenutzt wird. Kennzeichen sozialer Arbeit sind ein enormes Ethos, ein enormes Verantwortungsgefühl für die Anvertrauten – und eine tiefe Form der Wertschätzung gegenüber hilfsbedürftigen Menschen. Auch hier zeigt sich für mich ein christliches Menschenbild.

Um ein Ethos wie das der Wertschätzung und eine Tugend wie die der Barmherzigkeit authentisch und beherzt zu leben, brauchen wir einen Bezugspunkt, ein »Wir-Gefühl«. Ein Arbeitgeber im sozialdiakonischen Bereich etwa, der Wertschätzung und Würde nur auf seine Kunden, nicht aber auf seine Mitarbeitenden bezieht, wird als Dienstleister schnell unglaubwürdig. Wenn die Mitarbeitenden sich mit ihrer Einrichtung, ihrer Kirche nicht identifizieren, gibt es ganz schnell ein Glaubwürdigkeitsproblem! Es geht um eine geistige, für mich auch geistliche Grundhaltung. Ernst gemeinte Wertschätzung dagegen generiert Sinn, Vertrauen und Identifikation – Unternehmenswerte, die nach außen strahlen. Verantwortungsbewusstes Personalmanagement wird so zur Repräsentanz für die Kernleistungen eines Sozialunternehmens. In früheren Zeiten wurden diese Zusammenhänge in frommer Sprache ausgedrückt. Auch sie gilt es, wieder wertschätzen zu lernen, um die geistliche Grundhaltung deutlich zu machen. Die Schriftstellerin Ida Hahn-Hahn etwa fasste diese Seligpreisung im 19. Jahrhundert in die Worte:

Selig, die Erbarmen üben,
Und die Hand, die liebend gibt:
Gott wird die barmherzig lieben,
Die im Nächsten Ihn geliebt.

Glückselig sind, deren Herzen rein sind, denn sie werden Gott schauen. (5,8)

Das »Herz« als relevanter Ort für Empfinden, Wahrnehmen, Entscheiden ist in der pseudo-rationalen Mediengesellschaft eher in Verruf geraten. »Herz-Schmerz« sind abfällige Geschichten über Stars und Sternchen. Und der Begriff »Herzensbildung«, der doch den ganzen Menschen umfasste und nicht nur seine Pisaqualitäten, ist vollends aus der Mode geraten. Im biblischen Kontext ist das Herz sowohl Ort der sinnlichen Wahrnehmung als auch Orientierungspunkt für den Verstand. Jesus Sirach schreibt: *Bleibe bei dem, was dein Herz dir rät, denn du wirst keinen treueren Ratgeber finden.* Da geht es weniger um »Bauchgefühl« als um eine Balance von Wahrnehmungen, die sich in Entscheidungsprozessen des Menschen wahrhaftig nicht nur im Verstand abspielen.

Kirchentage, ja Kirchen sind Orte, an denen Menschen sich fröhlich ein Herz fassen und für eine Sache eintreten, auch wenn sie ausweglos scheint in der Welt der Realpolitik. Sie sind sozusagen Biotope für Träumende, für Menschen, die noch Visionen haben. Die Bibel ist voll davon. Da wird von Gottes Zukunft gesprochen, in der alle Tränen abgetrocknet werden und Leid, Not, Geschrei und gar Tod ein Ende haben. Diese Vision hat Menschen immer wieder inspiriert, gegen die Wirklichkeit anzudenken und anzuhandeln. Ich denke an Jesus selbst, der die Trauernden selig preist, an Helmuth James Graf von Moltke, der erhobenen Hauptes vor dem geifernden Volksrichter Freisler stand, an Martin Luther King, der gewaltfreien Widerstand für den einzig richtigen Weg hielt, an Nelson Mandela, der innerlich frei aus dem Gefängnis kam, an Stefan Krawczyk, der von Freiheit sang in einem unfreien Land. Und an all die Frauen, die aufbegehrt haben, ohne dass ihre Namen bekannt wurden: auf der Plaza de Mayo in Buenos Aires, wo sie nach ihren in der Militärdiktatur verschleppten Kindern riefen, im Süden Indiens, wo sie gegen das Verbrennen von Frauen um ihrer Mitgift willen demonstrierten, in Lagern in Kroatien, wo sie schwarzgekleidet die massenhafte Vergewaltigung als Kriegswaffe anklagten. Überall gibt es Menschen, die es wagen, von einer anderen Welt zu träumen. »Eine andere Welt ist möglich«, lautet das Motto des Weltsozialforums. Die Mächtigen der Welt belächeln es. Die ach so pragmatischen Tageszeitungen finden nur Häme und Spott: naiv. Weltverbesserer, Gutmenschen. Das sind offensichtlich Schimpfworte geworden. Traurig, wenn eine Gesellschaft nicht mehr über das Vorfindliche hinaus denken kann. Armselig geradezu. Denn die Träumer, die Hoffenden, die Visionäre haben die Welt immer eher vorangetrieben zu mehr Gerechtigkeit und Frieden als die Pragmatischen, die ach so Abgeklärten, diejenigen, die sich im Machtapparat arrangieren.

Der damalige Wehrbeauftragte Reinhold Robbe hat mir im vergangenen Jahr gesagt, ich solle mich doch in ein Zelt setzen und mit den Taliban bei Kerzenlicht beten. Offen gestanden finde ich, das ist eine wesentlich bessere Idee als die Bombardierung von Tanklastwagen in Kunduz. Wir wissen doch, dass Frieden letzten Endes nur durch mühselige, oft schmerzhafte und riskante Versöhnungsprozesse wachsen kann, in denen die Opfer gehört werden und die Täter Schuld bekennen. Gegenüber all den Realpolitikern, den Pragmatikerinnen, den Zynikern und den Erlahmten gibt der christliche Glaube Raum, reinen Herzens gegen die »Normativität des Faktischen« anzudenken. Einer der stärksten Texte dazu sind die Seligpreisungen. Glücklich, selig, lebensfroh, gesegnet werden diejenigen genannt, die arm sind, Leid tragen, Frieden stiften, barmherzig sind. Genau darin liegt die Spannung: Das ist ein tiefer Kontrast zur Wirk-

lichkeit! In unserer Welt werden diejenigen als glücklich angesehen, die sich durchsetzen können, schlagfertig sind, viel Geld
verdienen, gut aussehen. Jesus stellt die Erfahrung im Alltag der
Welt auf den Kopf, indem er sie aus der Perspektive des Reiches
Gottes in neuem Licht erscheinen lässt. Damit ermutigt er, anders zu sein, sich nicht anzupassen, widerständig zu bleiben,
die Fragen der Gerechtigkeit und des Friedens auf der Tagesordnung zu halten. Und immer wieder dem Herz mehr zu folgen
statt sich vermeintlichen Unabänderlichkeiten zu fügen. Damit
das Herz rein bleibt – oder wird. Noch einmal Ida Hahn-Hahn
in frommer Sprache:

> Selig sind die Herzensreinen,
> Wandelnd auf der Unschuld Au'n
> Die hienieden Ihm sich einen
> Werden Gott einst droben schau'n

*Glückselig sind, die Frieden schaffen, denn sie werden Gottes Töchter
und Söhne heißen.* (5, 9)

»Wie wird Friede?«, fragte Dietrich Bonhoeffer in seiner berühmten Andacht 1934 auf der dänischen Nordseeinsel Fanø: »Nur das
eine große ökumenische Konzil der Heiligen Kirche Christi aus
aller Welt kann es so sagen, dass die Welt zähneknirschend das
Wort vom Frieden vernehmen muss.« Er hoffte, die Kirche würde ihren Söhnen die Waffen aus der Hand nehmen ... Die Be-
geisterung der damaligen Zeit ist in unseren Breitengraden Gott
sei Dank heute nicht mehr so gegeben. Die Erschütterungen des
Zweiten Weltkriegs führten 1948 zu dem klaren ökumenischen
Bekenntnis von Amsterdam: »Krieg darf nach Gottes Willen
nicht sein.« Doch damit herrscht keineswegs Frieden.

Ich bin überzeugt, Religionen müssen sich gegen Pflicht-
dienste an der Waffe aussprechen. Sie sind mit dem Gewissen eines Menschen nicht vereinbar. Gewissensfreiheit ist ein
Grundrecht in unserem Land. Und ein Grundrecht kann nicht

erst auf Antrag gewährt werden, das ist bei der Religions- und Meinungsfreiheit ja auch nicht so. Jede muss mit ihrem und jeder muss mit seinem Gewissen vereinbaren, ob sie oder er sich an einem Waffeneinsatz und der Tötung anderer Menschen beteiligen kann. Das gilt auch in einer Freiwilligen-Bundeswehr. Vor wenigen Wochen wurde das Ende der Zentralstelle zur Beratung von Kriegsdienstverweigerern in Berlin gefeiert. Längst gab es keine Wehrgerechtigkeit mehr, wenn von 370 000 jungen Männern eines Jahrgangs nur 70 000 zum Grundwehrdienst und 90 000 zum Zivildienst herangezogen werden. Unsere Gesellschaft gibt ein deutliches Signal ihres Friedenswillens, wenn sie ihren Bürgern keine Pflicht zum Waffendienst mehr auferlegt, das steht uns in Deutschland gut an, finde ich. Aber es bleiben offene Fragen. Eine davon hat die Internationale ökumenische Friedenskonvokation in Jamaika letzten Monat formuliert: »Wir ringen weiter um die Frage, wie unschuldige Menschen vor Ungerechtigkeit, Krieg und Gewalt geschützt werden können. In diesem Zusammenhang stellen wir uns tiefgreifende Fragen zum Konzept der ›Schutzverantwortung‹ und zu dessen möglichem Missbrauch.« Wir sind nicht am Ende mit diesen Fragen. Und die Bergpredigt fordert uns neu heraus! Was sind kreative Wege? Wenn wir die Lage in Libyen anschauen, habe ich zunächst gedacht, eine Flugverbotszone könnte ein kreatives, gewaltfreies Mittel sein, zum Frieden beizutragen, Zivilbevölkerung zu schützen. Um reine Luftraumüberwachung ging es, das schien mir einleuchtend. Die UN-Resolution aber hat dann erklärt, »alle notwendigen Maßnahmen zum Schutz der Zivilbevölkerung« außer »Besatzungstruppen« seien zu ergreifen. Und sofort begann das Bombardement am Boden, der gezielte Versuch auch, Gaddafi, mit dem man eben noch munter Geschäfte gemacht hatte, zu töten. Friede wird so nicht, das sehen wir …

Die Seligpreisungen ermutigen, kreative Wege zum Frieden zu finden. Damit es nicht nötig ist, sich lapidar für die Tötung von 14 Frauen und Kindern zu entschuldigen wie es die Nato in dieser Woche tat.[42] Denn wie bizarr ist das denn, zu sagen: Entschuldigen Sie bitte, »unglücklicherweise stellte sich das von den Aufständischen absichtlich besetze Anwesen später als das Haus unschuldiger Zivilisten heraus.«[43] Entschuldigung, aber das ist inakzeptabel!

> *Glückselig sind die um der Gerechtigkeit willen Verfolgten,*
> *denn ihnen gehört die gerechte Welt Gottes. (5, 10)*

Was für ein Widerspruch zur Realität der Welt. Wir kennen ja gar nicht mit Namen all diejenigen, die verfolgt werden, weil sie es wagen, aufzubegehren. Der chinesische Künstler WeiWei ist derzeit eine Symbolfigur dafür! Aber die Verfolgten sind auch die Flüchtlinge dieser Welt. Die auf Booten im Mittelmeer ihre Reise antreten. Oder lassen Sie mich die Geschichte des 15-jährigen Ali und seines Vaters erzählen: Sein Vater Ferid musste vor 10 Jahren aus dem Iran fliehen, weil er einen Korruptionsskandal aufgedeckt hatte. Nachdem er im Gefängnis bereits gefoltert worden war, drohte eine erneute Verhaftung. Er floh mit seinem Bruder nach Deutschland, wenig später kamen seine Frau und sein Sohn Ali nach. Allerdings reisten sie über Griechenland ein. Also wurden Ali und seine Mutter nach Griechenland abgeschoben, er erinnert sich gut daran. Fünf Jahre lebten sie dort, Ali lernte fließend Griechisch sprechen. Um seinen Sohn besuchen zu können, erhielt Ferid einen Fremdenpass. Dadurch hatte er die Möglichkeit, einen Taxischein zu erwerben und zu arbeiten. Da es Frau und Sohn schlecht ging in Griechenland, setzten sie alles in Bewegung, zumindest Ali nach Deutschland zu holen. Das gelang, aber so gingen der Fremdenpass und die Arbeitserlaubnis verloren. Ali geht auf ein Berliner Gymnasium, spricht fließend Deutsch, möchte Abitur machen. Aber der Vater ist im Asylfolgeverfahren von Abschiebung in den Iran bedroht, mit ihm sein Sohn. Die Duldung wird mal für zwei Wochen, mal für drei Monate ausgestellt. Und seine Frau sitzt in Griechenland fest. Ein Schicksal von vielen, gewiss. Aber ich habe die beiden kennengelernt. Gesehen, wie sie beim Skypen weinen in Berlin und in Athen. Was soll das? Welche Logik steckt dahinter, wenn gleichzeitig nun im Ausland Fachkräfte angeworben werden sollen? Diese Asylpolitik kann ich nicht begreifen. Selig sind sie. Nein, sie sind jetzt nicht glücklich und nicht selig im herkömmlichen Sinne. Aber sie strahlen in ihrem Leid eine ganz eigene Würde aus. Unglücklich und unselig habe ich mich gefühlt, weil es scheinbar keine Möglichkeit gibt, zu gerechten Lösungen zu finden in der Welt der Asylgesetze und Schengenabkommen.

Glückselig seid ihr, wenn sie euch um meinetwillen ausgrenzen, verfolgen und verleumderisch alles Böse nachsagen. (5, 11)

Dass Menschen verfolgt werden, weil sie sich zum christlichen Glauben bekennen, erscheint uns in Westeuropa kaum vorstellbar. Da gibt es eher Gleichgültigkeit dem christlichen Glauben gegenüber. Aber Christinnen und Christen sind weltweit die am stärksten bedrohte Religionsgruppe! Immer wieder riskieren Menschen ihr Leben, weil sie die Nachfolge des Jesus von Nazareth antreten wollen. Sie brauchen unsere Solidarität und Unterstützung.

Ich bin dankbar, in einem Land zu leben, das Religionsfreiheit kennt. Und ich werde dafür eintreten, dass Menschen anderen Glaubens ihren Glauben frei praktizieren können in Synagogen und Moscheen und Tempeln in unserem Land. Gleichzeitig werde ich dafür eintreten, dass Christen dies können in der Türkei, in Indonesien, in Indien und in Pakistan. Mir scheint, der Dialog der Religionen liegt erst noch vor uns. Noch einmal das Abschlussdokument der Internationalen ökumenischen Friedenskonvokation in Jamaika: »Gemeinsam mit Partnern anderer Religionen haben wir erkannt, dass Friede ein Grundwert aller Religionen ist und dass die Verheißung von Frieden allen Menschen gilt, egal, welcher Tradition sie angehören und worauf sie ihr Leben gründen. Durch eine Intensivierung interreligiöser

Dialoge versuchen wir, in diesen Fragen Gemeinsamkeiten mit allen Weltreligionen zu finden.«[44] Das werden schwierige Wege sein. Aber wir haben auch ermutigende Zeichen gesehen, etwa als in Ägypten Muslime und Christen gemeinsam gegen das alte Regime der Unterdrückung aufstanden. Obwohl: Mittlerweile brennen wieder koptische Kirchen ...

Ich denke, wir müssen deutlich machen: Menschen muslimischen Glaubens gehören zu Deutschland und damit eben auch der Islam. Was sind denn das für merkwürdige Differenzierungen, die versuchen, Menschen mit ihrem Glauben und den Glauben selbst auseinanderzudividieren! Ebenso gilt selbstverständlich: Menschen christlichen Glaubens leben in der Türkei und damit gehört das Christentum zur Türkei. Immerhin war Paulus nach heutigen Kriterien ein türkischer Zeltmacher!

Und was sind das für hämische, menschenverachtende Pamphlete, die sich profilieren auf Kosten anderer. Wie fühlt sich ein türkischer Taxifahrer in Berlin, dessen eine Tochter Medizin studiert und die andere Lehramt, wenn ihm erklärt wird, er sei »Kopftuchmädchenproduzent«? Ich schäme mich dafür, das solche Tiraden (wieder?) Applaus finden in Deutschland. Unselig ist das! Denn als erstes gilt es schlicht, die Menschenrechte ernst zu nehmen und umzusetzen. Ich stimme Sarrazin vollkommen zu, wohlgemerkt dem Bundestagsabgeordneten Manuel Sarrazin, der schreibt: »Wir brauchen eine menschenrechtlich fundierte humanitäre EU-Migrationspolitik, die auf humane Standards setzt, die Menschenrechte auch an den europäischen Außengrenzen, ob auf See oder an Land, wahrt, die Möglichkeiten der legalen Migration besser und neu eröffnet und die Möglichkeiten für Integration hier im Land stärkt.«[45] Das wird die Frage sein: Wie gestalten wir Zuwanderung? Wie setzen wir das Recht auf Asyl für Menschen um, die politisch verfolgt werden?

Freut euch und jubelt, dass eure Belohnung groß ist bei Gott. Denn ge-
nauso verfolgten sie die Prophetinnen und Propheten vor euch. (5, 12)

Bei allen Problemen, Herausforderungen, Ängsten: Wir dürfen
uns auch freuen. Auch wenn wir arm sind, leiden, unsere Sehnsucht nach Gerechtigkeit und Frieden nicht erfüllt wird: Es gibt
Grund zum Feiern! Diese Welt ist kein hoffnungsloser Ort! Wir
können jetzt und hier glücklich sein, weil wir etwas ahnen von
Gottes zukünftiger Welt. Nein, Christen müssen keine Trauerklöße sein, selbst Protestanten nicht! Lebenslust ist nicht aus-
geklammert, nur weil wir hinschauen auf die Probleme der Welt.
Das Evangelium ist geradezu eine Anleitung zum Glücklichsein,
weil wir einen zweiten Blick auf die Wirklichkeit haben. »Mit
dem Zweiten sieht man besser« bekommt da eine ganz neue Bedeutung.

Wie also werde ich glücklich? Indem ich mein Leben und auch
mein Glück als ein Geschenk Gottes verstehe. Mich beheimate
in der Gemeinschaft der Kinder Gottes, die für Gerechtigkeit
und Frieden eintreten. Hinschaue, wo Menschen verfolgt werden, trauern, Trost suchen. Dem folge, was mein Herz mir rät.
Glückseligkeit ist Herzenssache.

Bibelarbeit auf dem Deutschen Evangelischen Kirchentag
in Dresden am 2. Juni 2011 (Matthäus 5,1–12)

Gottes Engel weichen nie

Was ist gut, was ist böse? Haben in Ihnen schon mal zwei Stimmen gekämpft? Etwa: Ich könnte jetzt die Reparatur schwarz ausführen lassen, spart uns beiden, dem Handwerker und mir, doch Aufwand und Steuern! Oder: Die Frau, mit der ich gerade rede, ist eine echte Versuchung. Warum eigentlich nicht? Wer würde schon etwas merken? Oder: Nein, ich bin nicht krank, aber so richtig Lust zu arbeiten habe ich auch nicht. Lassen wir doch mal Fünfe grade sein! Das sind kleine Kämpfe mit kleinen Teufelchen.

Beim Predigttext für den heutigen Sonntag aus dem Buch der Offenbarung geht es um eine ganz grundsätzliche Auseinandersetzung: Wer ist stärker, das Gute oder das Böse, in uns und auf der Welt, ja sogar im Himmel? Der Text beginnt mit folgenden Versen:

> Und es entbrannte ein Kampf im Himmel: Michael und seine Engel kämpften gegen den Drachen. Und der Drachen kämpfte und seine Engel, und sie siegten nicht. Und es wurde hinausgeworfen der große Drache, die alte Schlange, die da heißt: Teufel und Satan, der die ganze Welt verführt, und er wurde auf die Erde geworfen und seine Engel wurden mit ihm dahin geworfen. (Offenbarung 12,7ff.)

Die Offenbarung des Johannes ist ein besonderes Buch der Bibel. Wir müssen uns vorstellen, dass die junge christliche Gemeinde am Ende des ersten Jahrhunderts schwer von Verfolgung bedroht war. Wer sich als Christ bekannte, riskierte sein Leben. In unseren Breitengraden können wir uns das heute kaum vorstellen, aber Christen in Indonesien oder Nigeria wissen auch aktuell, was das bedeutet. Der sogenannte Seher oder auch Prophet Johannes sagt damals voraus, dass es schwere Verfolgungen geben wird für alle, die sich der göttlichen Verehrung des römischen Kaisers verweigern. Und das ist ja wahr. Die Christen haben berechtigte Angst. In dieser Situation schildert er den Kampf des Erzengels Michael mit dem Drachen.

Wenn wir heute vom »bösen Drachen« reden, klingt das banal oder gar lächerlich. Da ist eine zänkische Ehefrau gemeint oder eine niedliche Comicfigur. Die Offenbarung meint etwas ganz anderes, das weit entfernt ist von Spaß. Ich denke, wir können den Drachen als stellvertretend ansehen für das Böse in der Welt, für den Teufel, die Sünde, für die Mächte und Gewalten, die Menschen tyrannisieren, bedrohen, terrorisieren. Der Erzengel Michael steht für das Gute, das Ringen um Leben und Recht, um Gerechtigkeit und Frieden. Genau deshalb wird er auch mit der Tag- und Nachtgleiche in Zusammenhang gebracht. Kann uns so ein etwas fremd, ja vielleicht skurril daherkommender Text heute etwas bedeuten als Christen im 21. Jahrhundert, 2000 Jahre später? Lassen Sie mich eine Annäherung in drei Punkten versuchen.

Martin Luther ist für mich einerseits ein Mensch, der einen großen Schritt in Richtung Neuzeit gegangen ist. Jeder Mensch ist in Fragen von Glauben und Gewissen frei – das ist ein Zeichen von Toleranz und Moderne. Andererseits war er aber auch ein mittelalterlicher Mensch, für den der Teufel sehr real war. Legendär ist, dass er angeblich, während er auf der Wartburg in Eisenach die Bibel in die deutsche Sprache übersetzte, ein Tintenfass nach ihm geworfen hat. Der Fleck an der Wand wird kontinuierlich erneuert und das angeblich »garantiert echte« Tintenfass konnte ich schon in mehreren Museen besichtigen, zuletzt erst in Wolfenbüttel.

Eine Legende, ja. Luther aber hat mit dem Teufel real gerechnet. Er steht für ihn für das Böse in der Welt, für die Verführbarkeit des Menschen, für die Versuchung. Und das Böse kennen wir doch auch heute. Da hat der Drache die Fratze der Vergewaltiger, die junge Frauen in Nigeria entführen. Der Teufel ist sichtbar in den Augen sich islamistisch nennender Terroristen, die vor laufender Kamera anderen die Kehle durchschneiden. Und er ist auch erkennbar, wenn Glatzköpfe Menschen anderer Hautfarbe durch einen Berliner Park jagen. Der Drache, der das Böse symbolisiert, ist sehr real auch heute. Besonders interessant fand ich bei der Lutherlektüre kürzlich, wie Luther den Teufel in unserem Alltag erkennt. Er schreibt an einen Mann, der Selbstmordgedanken hat: »Wenn Ihr Euch (aber) nicht sperrt noch wehrt, sondern lasst die Gedanken mit aller Muße Euch frei plagen, so habt Ihr bald verloren. Aber der allerbeste Rat ist, wenn Ihr überhaupt nicht mit ihm kämpfen möchtet, sondern könntet sie verachten und tun, als fühltet Ihr sie nicht und gedächtet immer an etwas anderes, und sprecht so zu ihnen: ›Wohlan, Teufel, lass mich unbehelligt, ich kann mich jetzt nicht um Deine Gedanken kümmern, ich muss reiten, fahren, essen, trinken, das oder das tun, und weiter: Ich muss jetzt fröhlich sein, komm morgen wieder.‹«[46]

Ich finde das sehr anrührend. Der Teufel ist in diesem Sinne mitten in unserem Alltag präsent! Menschen, die an Suizid denken, ahnen das. Aber auch alle anderen wissen etwas von Verführbarkeit durch Macht, durch Geld, durch Gier. »Geiz ist geil«, das prägt ja unsere ganze Gesellschaft, obwohl wir wissen, dass Geiz keine schöne Eigenschaft ist. Niemand sagt: »Schatz, ich liebe dich, weil du so wunderbar geizig bist!« Für mich ist die Geschichte vom Kampf des Erzengels und der anderen Engel mit den Mächten des Bösen kein Science-Fiction-Film und auch keine Vertröstung aufs Jenseits! Sie ist für mich eine Ermutigung, im Hier und Heute die Herausforderungen aufzugreifen, den kleinen und den großen Versuchungen zu widerstehen und Haltung an den Tag zu legen. Es geht darum, eine Spur vom Frieden, der bei Gott einst sein wird, zu legen. Es geht darum, das

Böse heute zu benennen! Damit kommen wir zum Öffentlichkeitsauftrag der Kirche.

Wie ist denn das Verhältnis der Kirche, der Christen zur Obrigkeit, der Evangelischen zumal? Darf sie kritisiert, ja bekämpft werden, wenn sie nicht für das Gute einsteht? Bei diesem Thema können wir hier in Mühlhausen keinen Bogen um den Konflikt zwischen Luther und Müntzer machen. Noch im Frühjahr 1525 mahnt Martin Luther die Fürsten: »Es sind nicht Bauern, liebe Herren, die sich gegen Euch stellen: Gott ist's selbst, der sich gegen Euch stellt … Fangt nicht Streit mit ihnen an … Versucht's zuvor gütlich.«[47] Aber später im Jahr angesichts der Unruhen und Luthers Angst vor einem Zerbrechen der Ordnung, schreibt er: »So soll nun die Obrigkeit getrost fortfahren und mit gutem Gewissen dreinschlagen, solange sie einen Arm regen kann.«[48]

Das ist bedrückend. Martin Luther hatte schlicht auch Schattenseiten und diese ist eine. Mit dem Jahr 1525 nimmt sein Ruf dadurch schweren Schaden, hatten viele doch seine Rede von der Freiheit eines Christenmenschen auch auf die Freiheit vom Joch der Unterdrückung verstanden. Thomas Müntzer war einer von ihnen. Er sagte: »Es wird kein Bedenken oder Spiegelfechten helfen. Die Wahrheit muss hervor. Die Leute sind hungrig, sie müssen und wollen essen.« Und: »Die Herren machen das selber, dass ihnen der arme Mann Feind wird.« Waren Luther und Müntzer gemeinsam auf der Seite der Reformation, so trennten sich bald ihre Wege. Luther nannte Müntzer den »Satan von Allstedt«, Müntzer wiederum Luther das »Sanftleben zu Wittenberg«. Jeder Mensch ist nach Luthers Theologie »simul iustus et peccator«. Ich finde, das ist eine tröstliche Sicht. Wir alle wollen einerseits das Gute und andererseits sind wir selbst immer wieder verführbar durch das Böse, die Gewalt, nennen wir es den Teufel. Luther stellte sich nicht hinter die Bauern; Müntzer war überzeugt, es sei angemessen, mit Gewalt für die gerechte Sache zu streiten.

Ich selbst sehe in unserer Situation heute den Öffentlichkeitsauftrag der Kirche darin, den Teufel klar zu benennen. Es gibt in unserer Zeit keine Rechtfertigung für Krieg und Gewalt. Aus der Bibel jedenfalls kann ich sie nicht ablesen. Und deshalb hat unsere Kirche all die Rüstungsexporte infrage zu stellen. Deshalb müssen wir Fragen stellen, wenn Auslandseinsätze der Bundeswehr offenbar Normalität werden. Deshalb fragen wir, ob statt Natomanöver nicht Friedensgruppen im Umfeld der Ukraine zu fördern wären. Deshalb müssen wir die Mächte, die sich auf dem Rücken der syrischen Zivilbevölkerung austoben, benennen, verurteilen.

Und: Die Kirche hat klar auf der Seite der Schwachen zu stehen. Da hadere ich mit Luther, der meinte, die Fürsten hätten das Recht »dreinzuschlagen«. Und ich hadere mit Müntzer, der meinte, mit Gewalt Recht schaffen zu können. Krieg schafft kein Recht, das haben die Kriege der vergangenen Jahrzehnte gezeigt, denken wir an den Irak oder an Afghanistan. Und Gewalt »von unten« schafft es ebenso wenig, wenn wir etwa nach Simbabwe oder Nicaragua schauen. Am Ende leiden unter dem Krieg am meisten die »kleinen Leute«. Stellvertretend will ich heute und hier Otilie von Gersen nennen, Müntzers Frau. Sie bleibt völlig verarmt und schutzlos mit ihrem kleinen Sohn und schwanger mit dem zweiten Kind zurück, wird offenbar von einem Landsknecht vergewaltigt und ihre Spur verliert sich im Dunkel der Geschichte ...

Genau das anzuprangern, ist der Öffentlichkeitsauftrag der Kirche. Das gilt auch für unsere Zeit. Wer über Menschen auf der Flucht, die dem Krieg unter dramatischen Umständen entkommen sind, abfällig redet, sie gar angreift, dem muss die Kirche das Nächstenliebegebot entgegenhalten, das unsere Gesellschaft geprägt hat. In den Seligpreisungen heißt es nicht: »Selig sind, die abschieben« oder »Selig sind, die ihren Wohlstand sichern«, sondern *Selig sind die Barmherzigen*. Und im Matthäusevangelium sagt Jesus: *Ich bin ein Fremder gewesen und ihr habt mich aufgenommen*. Wenn es heißt, die Kirche dürfe sich nicht politisch äußern, müssten wir solche Stellen aus der Bibel streichen. Denn es lässt sich nicht über sie predigen, ohne die politische Lage hier und heute in den Blick zu nehmen. Wer die Kirche in die private Nische abdrängen will, wird dem Auftrag des Evangeliums nicht gerecht.

»Gottes Engel weichen nie« – so haben wir es zu Beginn des Gottesdienstes in der Sopranarie von Johann Sebastian Bach aus seiner Michaeliskantate gehört. Ich finde, das ist ein sehr schönes Bild. Und es ist tröstlich, wenn wir nicht weiterwissen, wenn wir durch Shitstorms angegriffen werden, wenn wir uns als Christen in einer Minderheitensituation und in einer Minderheitenmeinung wissen. Christen in der DDR haben das hautnah erlebt. Und gerade hier in Ostdeutschland erleben Sie das auch heute.

Manche meinen ja, die Evangelischen hätten es nicht so mit Engeln. Das ist ein Irrtum. Schon Luther hatte nicht nur klare Vorstellungen vom Teufel, sondern auch von den Engeln. In seinem Morgen- und Abendsegen heißt es beispielsweise: »Dein heiliger Engel sei mit mir, dass der böse Feind keine Macht an mir finde.« Da findet sozusagen täglich in unserem Leben der Kampf des Erzengels Michael mit dem Bösen statt. Engel, das können Menschen sein, die uns zur Seite stehen in schweren Zeiten. Es können Gedanken sein, die uns den Weg weisen. Es kann Schutz sein vor Gefahr, den wir erleben und spüren. Und wir können anderen Menschen einen Engel an die Seite wünschen, ja für andere ein Engel werden. Wie sagte Rudolf Otto Wiemer: »Es müssen nicht Männer mit Flügeln sein …«

Engel stehen für die Erfahrbarkeit des Glaubens. Die Evangelischen sind oft sehr wortlastig: Allein das Wort, allein die Schrift, das Hören auf die Predigt, das ist uns wichtig. Aber Glaube will auch erlebt, erfahren, gespürt, empfunden werden. Das ist wohl die Engeldimension unseres Glaubens. Der Kampf des Erzengels Michael bleibt eine wunderbare Erzählung davon, wie eines Tages in Gottes Zukunft das Böse überwunden sein wird. Aber hier auf der Welt, in der wir leben, findet dieser Kampf noch immer täglich statt.

Paul Klee hat einen »weinenden Engel« gezeichnet. Als ich ihn in einer Ausstellung gesehen habe, bin ich daran hängengeblieben. Ja, vielleicht weinen Engel auch manches Mal, wenn wir den Kampf gegen das Böse verlieren. Wenn Menschen sich wieder belogen und betrogen haben. Wenn Gier und Geld über Solidarität und Mitmenschlichkeit gewonnen haben. Wenn ein solcher Engel das Gebrüll der Neonazis hören muss oder die Kinder in den Trümmern von Aleppo sieht. Da möchte ich mit dem Engel weinen.

Weinen hat seine Zeit, die Bibel hat da ein sehr klares Weltbild. Aber ebenso sind wir mit dem Predigttext aufgefordert, unseren Teil zu tun, wo immer wir gegen Gewalt, Erniedrigung, Bosheit angehen können, diese Waffen des Teufels. Christinnen und Christen haben einen Auftrag in dieser Welt und lassen sich nicht vertrösten auf eine bessere Welt. Gerade wer weiß, dass eines Tages Gott alle Tränen abwischen wird, der will alles tun, mit dem Abwischen der Tränen schon jetzt Spuren dieser Zukunft Gottes zu legen. Das können ganz kleine Schritte sein. Ein Protest im Gespräch, wenn andere diffamiert werden. Ein Lächeln, eine ausgestreckte Hand, aber auch die klare Haltung und die entschlossene Tat. Die Geschichte vom Kampf des Erzengels Michael mit dem Drachen ermutigt uns dazu, heute unsere Aufgaben wahrzunehmen im Vertrauen darauf, dass in Gottes Zukunft das Böse oder auch der Teufel keine Macht mehr haben. Wer darauf vertraut, solches Gottvertrauen hat, der hat den Mut zu einem Leben mit Haltung. Gebe Gott uns dazu Segen!

Predigt in Mühlhausen am 25. September 2016
(Offenbarung 12,7ff.)

Sprachkraft des Glaubens

1995 war hier in Hamburg der für mich erste Kirchentag als Generalsekretärin des Kirchentages. Es war kalt und regnete den gesamten ersten Abend. Ernst Benda, damals Präsident des Kirchentages, sagte, als der Eröffnungsgottesdienst bei Schauerwetter und Kälte begann: »Frau Käßmann, das haben wir nicht verdient!« Vor 18 Jahren, da waren viele, die heute dabei sind, noch gar nicht geboren!, beschäftigte uns die Brent Spar, eine Ölplattform, die Shell versenken wollte. Es kam zu einem Boykott der Shell-Tankstellen. Und Ernst Benda, dem viele als Präsident skeptisch gegenüberstanden, da er manchen Kirchentagsteilnehmenden zu konservativ erschien, redete sich bei seiner Abschlussansprache in die Herzen der Teilnehmenden, weil er beherzt die notwendigen Fragen formulierte. Allerdings mussten wir beide anschließend zu einem sehr schwierigen Gespräch zum Shell-Konzern antreten … Heute ist Hamburg wieder eine wunderbare Kirchentagsstadt und ich bin gespannt, ob sich wieder ein Thema als Leitmotiv oder auch Zeitansage herausschält.

Aber erst einmal geht es um die Bibel. Das zeichnet ja den Kirchentag nach wie vor aus: Jeder Tag beginnt mit Bibelarbeit! Erst danach, frisch gestärkt und gut orientiert also, geht es an die Themen von Kirche, Gesellschaft und Welt. Der Text für die Bibelarbeit heute Morgen stammt aus dem Lukasevangelium. In einem Gleichnis erzählt Lukas von einer Frau, die nervt. Das kann ja interessant werden!

Er sagte ihnen aber ein Gleichnis darüber, dass sie allezeit beten und nicht nachlassen sollten, und sprach: Es war ein Richter in einer Stadt, der fürchtete sich nicht vor Gott und scheute sich vor keinem Menschen. Es war aber eine Witwe in derselben Stadt, die kam zu ihm und sprach: Schaffe mir Recht gegen meinen Widersacher! Und er wollte lange nicht. Danach aber dachte er bei sich selbst: Wenn ich mich schon vor Gott nicht fürchte noch vor keinem Menschen scheue, will ich doch dieser Witwe, weil sie mir so viel Mühe macht, Recht schaffen, damit sie nicht zuletzt komme und mir ins Gesicht schlage. Da sprach der Herr: Hört, was der ungerechte Richter sagt! Sollte Gott nicht auch Recht schaffen seinen Auserwählten, die zu ihm Tag und Nacht rufen, und sollte er's bei ihnen lange hinziehen? Ich sage euch: Er wird ihnen Recht schaffen in Kürze. Doch wenn der Menschensohn kommen wird, meinst du, er werde Glauben finden auf Erden? (Lukas 18, 1ff.)

Lassen Sie uns eine Annäherung an den Text in dieser Bibelarbeit in drei Teilen erproben. Jeden Abschnitt werde ich beenden mit einem Gedicht von Dorothee Sölle. Sie starb vor fast genau zehn Jahren, am 27. April 2003, letzten Samstag war ihr Todestag. Eine Frau, die für den Deutschen Evangelischen Kirchentag viel bedeutet hat. Viele ihrer Bibelarbeiten, einige davon mit Luise Schottroff, haben Kirchentagsgeschichte geschrieben. Neben der Kämpferin war sie Poetin und die Gedichte, die sie uns hinterlassen hat, sind eindrücklich bis heute.

Kontext des Gleichnisses/Lukas

Der Evangelist Lukas hat sein Evangelium um das Jahr 80 nach Christus verfasst. Das wird daraus geschlossen, dass er offenbar von der Zerstörung des Tempels 70 nach Christus wusste. In einer Rede Jesu wird nach Lukas diese Zerstörung prophezeit:

Und als einige von dem Tempel sagten, dass er mit schönen Steinen und Kleinoden geschmückt sei, sprach er: Es wird die Zeit kommen, in der von allem, was ihr seht, nicht ein Stein auf dem anderen gelassen wird, der nicht zerbrochen werde. (21,5 f.)

Und: Wenn ihr aber sehen werdet, dass Jerusalem von einem Heer belagert wird, dann erkennt, dass seine Verwüstung nahe herbeigekommen ist. (21,20)

Andererseits scheint Lukas noch nichts von der Christenverfolgung unter Domitian zu wissen, die 90 nach Christus stattfand. Darauf deutet beispielsweise die Erzählung vom »Hauptmann von Kapernaum« (Lk 7,1 ff.) oder die Erzählung vom Hauptmann Kornelius (Apg 10,1 ff.) hin, die beide eine friedliche Existenz von Christen im Römischen Reich darstellen. Die Mehrheit der Forschung geht daher von einer Abfassung um 80 nach Christus aus.

Was den Autor betrifft, so deutet vieles darauf hin, dass Lukas nicht Jude war, sondern Heidenchrist, also zu jener ersten Generation gehörte, die »aus den Völkern« zum christlichen Glauben fand. So schreibt er gleich zu Anfang, er wolle alles für *dich, hochgeehrter Theophilus in guter Ordnung auf(zu)schreiben* (1,3). Ob damit eine bestimmte Person, wie manche sagen, gar ein römischer Beamter gemeint ist, oder allgemein der Leser als ein Mensch, der Gott liebt, ist unklar. Dass Lukas Arzt war und Mitarbeiter des Paulus, wird von einem Teil der Forschung erklärt. Sie beziehen sich auf drei Stellen in neutestamentlichen Briefen, an denen ein Lukas als Reisebegleiter des Paulus benannt wird. Eine davon ist Kolosser 4,14. Dort heißt es: *Es grüßt euch Lukas, der Arzt, der Geleibte, und Demas.* Dem würde entsprechen, dass das Lukasevangelium besonders viele Heilungsgeschichten erzählt. Andere Forschungsstränge sagen, dass der Inhalt von Lukasevangelium und Apostelgeschichte für eine solche These viel zu verschieden sei von den Ausführungen des Paulus.

Besonders auffällig im Evangelium ist, wie sehr Lukas die Gestalt der Mutter Jesu ausschmückt. Einer Legende nach ist daher Lukas Maler, der das erste Marienbild gemalt und eine besonders malerische Sprache habe. Nahezu unumstritten ist exegetisch, dass Lukas auch die Apostelgeschichte verfasst hat. Lukas liegt in seinem Evangelium offenbar daran, das Evangelium festzuhalten, die ursprüngliche Überlieferung gegen Irrlehren zu verteidigen, was notwendig schien, je länger der Abstand zum Tod Jesu um das Jahr 30 wurde. Es gibt vom Leben und Sterben Jesu keine Videoaufnahmen, keine belegten Dokumente, nur das, was wir heute »oral history« oder auch »mündliche Überlieferung« nennen. Das können wir uns heute kaum noch vorstellen! Kein youtoube-Video, keine facebook-Chronik, keine Zeitungsberichte, keine Situationsanalyse durch ultimative Experten. Keine Reaktionen von Anhängern und Gegnern. Keine Schlagzeilen nach dem Motto: »Wer war Jesus wirklich? Hintergrundgespräch mit Vertrauten«, »Wir trafen seine Mutter«, »Hier wohnte er mit Maria Magdalena – exklusive Bilder«, »Wir wussten immer, er ist eine Gefahr – Nachbarn enthüllen die wahren Hintergründe«. Der Evangelist will die Gute Nachricht als Historiker so objektiv wie möglich festhalten. Objektivität trauen wir heute schon nicht mal mehr Historikern zu. Schnell wird ein Text angezweifelt, ganz anders gesehen, verdreht. Und die Möglichkeit, etwas zu kommentieren, wird geradezu gnadenlos genutzt. Es braucht nicht viel Fantasie sich vorzustellen, wie Blogger in Internetforen das Leben Jesu und den Glauben an seine Auferstehung bei einer aktuellen Berichterstattung kommentieren würden. Ich zitiere lieber nicht, was mir dazu einfällt, das könnte sonst als Blasphemie gelten. Gut für Jesus, dass seine Geschichte schlicht von vier Evangelisten aufgeschrieben wurde und es außerhalb der Bibel nur einzelne Zeugnisse gibt, etwa das Thomasevangelium oder das Kindheitsevangelium.

Für Lukas ist die Sache ernst. Er versteht Jesus als Retter der Welt, als Heiland. Aber er sieht auch, dass die erwartete, aber sich verzögernde Wiederkehr Jesu, die »Parusieverzögerung«, zu Anspannung führt. Die ersten Gemeinden erwarteten Jesu Wiederkehr bald. Jetzt aber verstarben gläubige Christen und kein Jesus Christus in Sicht, der zu Gericht und Auferstehung kommt. Lässt das nicht am Glauben zweifeln? Stellt das nicht die Geschichte von Kreuz und Auferstehung infrage? Dauert es nicht viel zu lang? Glaube und Zweifel waren ganz offensichtlich von Beginn an mit der Geschichte des Christentums eng verbunden. Bei der Überlieferung der Geschichte des Jesus von Nazareth spielen die Gleichnisse eine ganz besondere Rolle. Luise Schottroff schreibt: »Die *Gleichniserzählung*, in der Wissenschaftstradition oft das ›Bild‹ genannt, erzählt eine fiktive Geschichte, die auch als fiktive Geschichte erkennbar sein soll ... Diese fiktiven Erzählungen machen eine Aussage über die Erfahrungswelt der Menschen zur Zeit der Entstehung der mündlichen und schriftlichen Tradition über Jesus von Nazareth ...«[49] Früher wurde bei der Auslegung von Gleichnissen meistens die Bildhälfte von der Sachhälfte unterschieden nach dem Motto: Dies ist die erzählte Geschichte, was soll damit ausgedrückt werden? In der neueren Forschung wird stärker versucht, diesen Dualismus zu überwinden und einerseits die Erzählung selbst zu sehen, aber auch die Situation und Reaktion der Hörenden zu beachten und die theologischen Themen, die so angesprochen werden.[50] Dabei wird dann deutlich: Die eine Interpretation eines Gleichnisses gibt es nicht. Wird der Kontext der Hörenden damals betrachtet, so spielt immer auch der Kontext der Hörenden heute eine Rolle. Die Gleichnisse der Evangelien sind auf Dialog angelegt. Noch einmal Luise Schottroff: »Das Gleichnis, Erzählung und Anwendung setzt die aktive Beteiligung der Hörenden voraus (...) Verstehen, Worte und Taten sind Ausdruck der Beziehung zum Gott Israels.«[51] Mir leuchtet das sehr ein, gerade auch mit Blick auf das Gleichnis, das uns heute Morgen beschäftigt. Es ist übrigens eines ohne Parallelen in anderen Evangelien, sondern ausschließlich bei Lukas tradiert.

Da haben wir zuallererst die Erzählung, die wir uns genauer anschauen können. Zum anderen können wir uns vorstellen, wie die Hörenden reagiert haben: Sie hatten gewiss Erfahrung mit Willkür und auch mit der Situation des Bettelns um Recht. Und schließlich als theologisches Thema die Aufforderungen, beim Gebet beharrlich zu bleiben auch angesichts von Unrecht und der Erfahrung der ausbleibenden Gerechtigkeit Gottes. Als Hörende heute ist die Erfahrung mit Unrecht und das Ringen um beharrliches Gebet ebenso Thema, wenn auch auf andere Weise. Für mich bleibt faszinierend an den Gleichnissen der Evangelien, dass sie in knapper Sprache Geschichten erzählen, die in jedem Kontext der Welt und durch die Jahrhunderte hindurch verständlich sind. Zudem sind sie kurz. Ich habe selbst bei langsamem Lesen nur eine Minute gebraucht. Ist das nicht faszinierend? In einer Zeit derart langer, langwieriger, langatmiger, mitunter auch langweiliger Worte und Worthülsen wird in 60 Sekunden etwas ausgesagt, was Menschen begreifen, ganz gleich, wann sie geboren sind, wo sie leben. Das ist eine Sprachkraft des Glaubens, die mich zutiefst beeindruckt. Ich wüsste nicht, dass diese Sprachkraft der Gleichnisse je wieder erreicht wurde, sie sind elementares Kennzeichen der Überlieferung Jesu.

Weil die Sprachkraft des Glaubens aber so entscheidend ist, durch all die Jahrhunderte hindurch, lassen Sie mich zwei Beispiele nennen. Wenn wir uns auf das Reformationsjubiläum 2017 vorbereiten, kommt uns natürlich Martin Luther in den Sinn. Dem »Volk aufs Maul schauen« war seine Devise. Was nicht meinte, dem Volk nach dem Munde reden, sondern in einer Sprache sprechen, die verständlich ist, die deutlich macht, dass Gott den Menschen unmittelbar angeht. Das setzt Luther auf für mir imponierende Weise immer wieder um. In einer Passage etwa, die geradezu politically correct ist, will Luther deutlich machen, dass nicht nur das Leben im Zölibat, das Leben im Kloster ein vor Gott gerechtfertigtes oder auch gottgefälliges Leben ist, sondern dass sich der Glaube im Alltag der Welt bewährt. Da, wo ich bin, das, was ich tue, soll ich im Glauben vor Gott tun, dann ist es wohlgetan. Selbst wenn ein Mann die Windeln wäscht ... Originalton Luther: »Ein Mann spricht im Glauben über Kinder: Ach Gott, weil ich gewiss bin, dass Du mich als Mann geschaffen hast und aus meinem Leib das Kind gezeugt hast, so weiß ich auch gewiss, dass es Dir aufs allerbeste gefällt, und bekenne Dir, dass ich nicht würdig bin, das Kind zu wiegen, seine Windeln zu waschen und für seine Mutter zu sorgen. Ach, wie gern würde ich das tun, auch wenn es noch geringer und verachteter wäre. Nun soll mich weder Frost noch Hitze, weder Mühe noch Arbeit verdrießen, weil ich gewiss bin, dass es Dir so wohlgefällt.«[52] Gut formuliert, Martin, kann ich da nur sagen! Und: Es ist Teil der Schöpfung Gottes, Kinder groß zu ziehen, es ist Teil der Existenz von Mann und Frau. Oder: »An der Art, wie beide im Vollzug täglicher Aufgaben miteinander umgehen, zeigt sich, ob sie glauben, was sie bekennen.«[53]

Für viele meiner Generation hat Dorothee Sölle in ihrer Theologie, mehr aber noch in ihrer Poesie im 20. Jahrhundert eine anrührende Sprache für den Glauben gefunden:

Minderheiten

Lehre uns minderheit werden gott
in einem land das zu reich ist
zu fremdenfeindlich und zu militärfromm
paß uns an deine gerechtigkeit an
nicht an die mehrheit
bewahre uns vor der harmoniesucht
und den verbeugungen vor den großen zahlen
Sieh doch wie hungrig wir sind
nach deiner klärung
gib uns lehrerinnen und lehrer
nicht nur showmaster mit einschaltquoten
sieh doch wie durstig wir sind
nach deiner orientierung

aus: Sölle, Leben ohne lügen, Gedichte, 2000

wie sehr wir wissen wollen was zählt
Verschwistere uns mit denen die keine lobby haben
die ohne arbeit sind und ohne hoffnung
die zu alt sind um noch verwertet zu werden
zu ungeschickt und zu nutzlos
Weisheit gottes zeig uns das glück derer
die lust haben an deinem gesetz
und über deiner weisung murmeln tags und nachts
sie sind wie ein baum
gepflanzt am frischen wasser
der frucht bringt zu seiner zeit

Die Erzählung

»Bewahre uns vor Harmoniesucht«, schrieb Dorothee Sölle. Oh, das ist eine schwierige Aufforderung. Eigentlich sind wir doch harmoniesüchtig. In der Familie, in der Gemeinde, in der Kirche, zwischen den Konfessionen. Bloß keinen Streit vom Zaun reißen. Eigentlich macht »man« das nicht. Eine ältere Dame sagte mir einmal, sie möge den Begriff »Protestanten« nicht, der klinge so sehr nach Streit. Aber es braucht ihn doch, den Streit um die Wahrheit, das Ringen um Recht, die Einmischung in die Gesellschaft, den Widerspruch, wenn wir etwas verändern wollen. Der Begriff »Protestanten« stammt nicht von ungefähr aus der Zeit der Reformation. Für den Reichstag zu Speyer 1529 verfassten die evangelischen Stände im Namen der Glaubensfreiheit eine Protestation gegen die Aufhebung der ihnen drei Jahre zuvor zugesagten Rechtssicherheit.

Das uns heute Morgen vorgelegte Gleichnis handelt vom Ringen um Recht! Wir haben es in diesem Gleichnis mit zwei Personen zu tun, zwei Urtypen sozusagen, die in jeder Gesellschaft wiedererkannt werden: ein Mann und eine Frau. Einer mit Macht und eine ohne Macht. Einer, der keine Angst hat. Eine, die keine Angst hat. Ein Kräftemessen … Sehen wir uns zunächst den Mann genauer an. Ich habe einen Juristen gefragt, wie er das »ungerecht« des Richters versteht. Er sagt, der angemessene Begriff für ihn sei »willkürlich«. Denn der Richter entscheidet selbstgefällig, ob er der Frau Recht verschafft oder nicht. Nun leben wir in den westlichen Demokratien dieser Welt in Rechtsstaaten. Wir sind stolz darauf, dass wir eine Rechtsprechung haben, auf die Verlass ist. Da sollte Willkür doch undenkbar sein! Können wir uns in das Gleichnis überhaupt hineindenken? Ich denke ja. Als erstes Beispiel kam mir das Gefangenenlager Guantánamo in den Sinn. Seit elf Jahren sind dort Menschen inhaftiert, ohne Anklage, ohne Prozess. 92 der 166 Häftlinge befinden sich derzeit im Hungerstreik.[54] Wir können dort sehen, wie sehr die Glaubwürdigkeit einer Demokratie leidet, wenn Recht nicht zum Recht kommt. Oder nehmen wir ein kleineres Beispiel aus unseren Gefilden. Da denke ich an die Asylsuchenden, die Flüchtlinge in unserem Land generell. Sie werden einquartiert in schlechte Unterkünfte, oft fern von den Zentren der Städte. Ihre Bewegungsfreiheit wird durch die Residenzpflicht massiv eingeschränkt. Sie dürfen nicht erwerbstätig sein, finden keine Möglichkeit, die Sprache unseres Landes zu erlernen. Und so vergeht die Zeit, ihre Lebenszeit. Das ist nicht Rechtsbruch im direkten Sinne, aber es wird als Willkür empfunden. Einige Flüchtlinge haben sich auf den Weg gemacht zu protestieren. Seit Oktober vorigen Jahres campieren sie in Berlin-Kreuzberg auf dem Oranienplatz. Die rund hundert Menschen aus Rumänien, dem Sudan und Uganda verletzen durch ihre Aktion die Residenzpflicht, sieben Strafverfahren gegen sie laufen bereits. Sie nerven. Sie sind eine Herausforderung. Aber eine not-wendige, die uns aufwachen lässt. Wir müssen doch fragen: Soll das Recht in unserem Land sein, dass Menschen sich nicht frei bewegen dürfen, nicht arbeiten dürfen, nicht zur Schule gehen können?

Soweit zum Richter. Nun zur Witwe. Sie ist wohl eine Nervensäge, könnten wir sagen. Eine Frau, die nervt. O ja, ich weiß, Frauen sind nicht die besseren Menschen und sie können nerven! Aber manchmal müssen sie das auch: nerven. Und das ist gut so. Die Witwe steht hier als Mensch mit wenig Recht, angewiesen auf andere, die ihr Recht verschaffen. Im alten Israel wird immer wieder gemahnt, dass auf Witwen, Waisen und Fremde besonders zu achten sei. Sie sind diejenigen, die mehr als andere auf Recht angewiesen sind, da sie kaum eigenständige Rechte haben und oft der Willkür ausgeliefert werden. So heißt es im fünften Buch Mose: *Gott schafft Recht den Waisen und Witwen und hat die Fremdlinge lieb, dass er ihnen Speise und Kleider gibt. Darum sollt ihr auch die Fremdlinge lieben; denn ihr seid auch Fremdlinge gewesen in Ägyptenland.* (10, 18 f.) Weil Gott die Rechtlosen, für die hier Witwen, Waisen und Fremde stehen, liebt, sollen also auch diejenigen, die Gott fürchten, für sie eintreten. Und nicht aus purem Mitleid soll das geschehen, sondern weil diejenigen, die Witwen, Waisen und Fremdlinge schützen, ja selbst – in der Geschichte des Volkes Israel – die Erfahrung gemacht haben einst in Ägypten in jener alten Erzählung vom Auszug aus der Unfreiheit. Und stets im Leben, weil alle Menschen gefährdet sind, auf die Zuwendung anderer angewiesen sein könnten. Stark sind die Gebenden stets nur relativ.

Beim Lesen des Gleichnisses bin ich über die Überlegung des Richters gestolpert, dass er befürchtet, die Frau könne ihn schlagen. Einerseits ist das irgendwie witzig, finde ich, ein Richter mit Angst, dass eine Frau ihn schlägt. Andererseits lehne ich natürlich Gewalt in Auseinandersetzungen ab. Dabei bin ich auf eine interessante Geschichte aus Indien gestoßen. Dass Frauenrechte dort täglich brutal mit den Füßen getreten werden, wissen wir nicht erst, seit eine Studentin nach einer Vergewaltigung durch mehrere Männer starb. Neu ist, dass Frauen den Mut haben, sich zu wehren, wie die Pink Sari Gang.[55] Sampat Pal ist mein Jahrgang, 1958 (heißt es!). Mit elf wurde sie verheiratet, mit fünfzehn das erste Mal schwanger, fünf Kinder – alles normal im Nordosten Indiens. »Aber dann schrie Sampat Pal an jenem Tag vor vielen Jahren einen Mann an, weil er mitten im Dorf seine Frau verprügelte ... Keine Frau in dieser Gegend wagt es, dem eigenen Mann zu widersprechen geschweige denn, einem fremden. Also schlug der Mann auch sie, die Fremde. Am nächsten Tag kam Sampat Pal zurück, mit einem Stock in der Hand und fünf Frauen als Verstärkung. Dann schlug sie zurück vor allen Leuten, mitten im Dorf. Eine Frau einen Mann.«[56] Seitdem gibt es die Gulabi Gang, die Rosa Gang, weil die Frauen rosa Saris als Kennzeichen tragen. Sampat Pal sagt: »Das ist keine Gang im eigentlichen Sinn. Es ist eine Gang für die Gerechtigkeit.«[57]

Ich finde, das ist eine großartige Übersetzung des Gleichnisses von der Witwe in unsere Zeit, die droht, als sie kein Recht findet. Sicher, über die Methode des Androhens von Schlägen sollten wir diskutieren. Aber das tun wir in einer sehr abgesicherten Situation. Ich bewundere schlicht diese Frauen im Gleichnis wie in Uttar Pradesh heute, die Mut haben, für ihr Recht einzustehen. Sie nerven. Und genau solche Nervensägen werden dringend gebraucht. Ich wünsche mir, dass Christinnen und Christen solche Nervensägen sind. Wenn es um Recht geht, um Menschenwürde, um Gerechtigkeit, Frieden und die Bewahrung der Schöpfung. Angesichts all der Anpassung, der einschläfernden Ablenkungsindustrie der Medien, der Volksverdummung durch Banalitäten brauchen wir Nervensägen, die noch fragen nach Sinn, nach Würde, nach Gerechtigkeit. Das Fazit dieses Blicks auf die beiden zentralen Figuren ist: Die Erzählung können die Hörenden verstehen je in ihrem Kontext, damals wie heute. Dorothee Sölle schreibt:

Hunger nach Sinn

Ich werde manchmal gefragt,
warum ich denn »immer noch« für Gerechtigkeit,
Friede und die gute Schöpfung eintrete.
»Immer noch?« frage ich zurück,

aus: Luise Schottroff / Dorothee Sölle / Bärbel von

wir fangen doch gerade erst an,
aus der Verbundenheit mit dem Leben heraus,
zu kämpfen, zu lachen, zu weinen.
Wir können uns doch nicht auf das geistige Niveau
des Kapitalismus zurückschrauben
und ständig »Sinn« mit »Erfolg« verwechseln.
Das ist eine lebensgefährliche Verwechslung,
wenn wir das Leben zurückrechtstutzen
auf das Machbare und das,
was sich konsumieren lässt.
Meine Tradition hat uns wirklich mehr versprochen!
Ein Leben vor dem Tod, gerechtes Handeln
und die Verbundenheit mit allem, was lebt,
die Wölfe neben den Lämmern und Gott nicht oben
und nicht später, sondern jetzt und hier.
Bei uns, in uns.

Glauben und Beten –
Die theologische Frage des Gleichnisses

Fragen wir nun nach der Antwort der Hörenden damals wie
heute und nach der theologischen Komponente des Gleichnisses. Es geht offensichtlich um eine Ermutigung zum Glauben,
eine Ermutigung zum Beten. So werden es die ersten Gemeinden gehört haben. Vertraut Gott, auch wenn (noch) nicht eingetreten ist, was erhofft wurde, Gott wird Recht sprechen! Diese
Sehnsucht nach Recht durchzieht die Bibel im hebräischen wie
im griechischen Teil. Und diese Sehnsucht kennen nicht nur die
Hörenden damals, die kennen wir doch auch: Gott, lass Recht
werden! In Syrien, in Nordkorea, in Israel und Palästina. Recht
und Gerechtigkeit, die Lebensräume für Menschen öffnen, das
brauchen wir, das erhoffen wir, dafür beten und handeln wir.
Lukas will die Hörenden und Lesenden bestärken: Lasst euch

nicht entmutigen, macht weiter, nervt, wenn es notwendig ist. Ja, nervt vielleicht sogar Gott durch euer ununterbrochenes Gebet. Sehr schön kommt das in der Übersetzung für den Kirchentag zu Wort: *Gott aber, wird sie nicht denen, die ihr am Herzen liegen, die Tag und Nacht nach ihr schreien, Recht verschaffen und sich ihnen liebevoll zuwenden?* Gott feminin angesprochen – das befremdet manche. Aber die Justitia ist auch weiblich dargestellt in unserer Kultur! Deshalb sehe ich das als sehr schöne Übersetzung. Dieses Gottvertrauen, dass sie uns Recht verschaffen wird, das verlieren wir oftmals auf der Strecke auch als Christinnen und Christen, die sich hier auf dem Kirchentag versammeln. Es gibt sie, die Durststrecken der Gottesferne! Wie kann denn Gott zulassen, dass Menschen derart leiden? Warum greift die Ewige nicht ein, wenn Menschen grausam gefoltert werden? Warum hat Gott Vater kein Einsehen mit dem Elend der missbrauchten Kinder? Warum weht der Heilige Geist nicht die Diktatoren dieser Welt einfach hinweg?

Je älter ich werde, umso mehr liegt mir am Bild der Ohnmacht Gottes, am Kreuz. Der gekreuzigte Jesus von Nazareth ist das Symbol für die Ohnmacht der Liebe gegenüber dem Schrecken der Gewalt. Vor 80 Jahren ergriffen die Nationalsozialisten unter Adolf Hitler die Macht in Deutschland. Eine beispiellose Vernichtung aller Errungenschaften von Humanität und Aufklärung, von Menschenrechten und Religionsfreiheit sollte folgen. Wenige gab es, die das früh erkannten. Ein Beispiel ist für mich Elisabeth Schmitz.[58] Von 1933 bis 1936 korrespondierte sie mit Karl Barth und versuchte, ihn zu einer Stellungnahme zur »Judenfrage« zu bewegen, was dieser aber ablehnte. Im September 1935 verfasste sie ein Memorandum, in dem sie forderte, dass die Bekennende Kirche sich für die entrechteten Juden einsetzen sollte. Sie schrieb unter anderem: »In einer kleinen Stadt werden den jüdischen Kindern von den anderen immer wieder die Hefte zerrissen, wird ihnen das Frühstücksbrot weggenommen und in den Schmutz getreten! Es sind christliche Kinder, die das tun, und christliche Eltern, Lehrer und Pfarrer, die das geschehen lassen!«[59] Sie wollte den Text auf der dritten Synode der Bekennenden Kirche 1935 vorlegen, aber die Synode beschäftigte sich nicht mit der »Judenfrage«. Als Elisabeth Schmitz 1977 verstarb, waren sieben Menschen bei ihrer Beerdigung ... Offenbar hat auch diese Frau genervt. Die Kirchen als Institutionen haben in der Zeit des Nationalsozialismus versagt, als es darum ging, die Verfolgten, zuallererst die Juden, aber ebenso Kommunisten, Homosexuelle, Zwangsarbeiter, Zeugen Jehovas und viele andere zu schützen. Selbst die Bekennende Kirche. In ökumenischer Gemeinsamkeit aber haben viele Christinnen und Christen Widerstand geleistet gegen Willkür und Unrecht. Das ist ermutigend. Nicht nachlassen. Weiter beten! Und weiter denken!

Lukas ermutigt, nicht aufzuhören, zu Gott zu schreien, zu beten. Manchmal werden Gebete erhört. Manchmal aber werden Gebete nicht erhört, wenn der Mann doch am Krebs stirbt, wenn meine Ehe doch zerbricht, wenn mein Kind doch auf einen Abweg gerät. Was soll werden? Wie kann ich noch an Gott glauben? Lukas sagt: Es hilft nur weiter beten. Gottvertrauen. Den Gesprächsfaden nicht abreißen lassen. Oder, wie die Kirchentagsübersetzung sagt: *immer wieder zu Gott schreien (sollen) anstatt aufzugeben* (18,1). Ich bin überzeugt, das ist die einzige Art, die Abgründe anzusehen, das Leid zu begreifen: mit Gott im Gespräch bleiben. In Vers 6 heißt es: *Hört, was der ungerechte Richter sagt!* Wir sollen also hinhören, aufmerksam bleiben, uns nicht abschotten von der Welt! Nicht verzweifeln an all der Willkür, an Unrecht, sondern beharrlich zu Gott rufen und uns beharrlich einmischen, da wo es uns möglich ist. Dabei kann uns der Glaube verbinden, dass Gott Recht schaffen wird. Das macht uns zu Geschwistern, die im Gebet verbunden sind – über Konfessions- und Kontinentgrenzen hinweg. Aus solcher Gemeinschaft kann die Kraft entstehen, Erfahrungen der Ungerechtigkeit, der Gottverlassenheit, der Trostlosigkeit zu bestehen, ja zu überwinden.

Jesus ruft am Kreuz mit Psalm 22: *Mein Gott, mein Gott, war-*

um hast du mich verlassen? Tiefer kann die Gottesferne nicht ausgedrückt werden als im Foltertod eines Sterbenden, der so sehr geglaubt hat und sich jetzt gottverlassen fühlt. Gott selbst kennt Gottesferne! Und genau deshalb können wir von unseren Zweifeln und Ängsten mit Gott reden. Das macht das christliche Gebet einzigartig. Es geht nicht nur um Anbetung – die wir allerdings fröhlich praktizieren sollten. Es geht im Gebet auch um ein Mitschreien mit Gott. Anschreien gegen das Unrecht, gegen Gewalt und Tod. Es ist ein Einstimmen in die Gottverlassenheit dieser Welt. Wenn am Ende des Gleichnisses bei Lukas gefragt wird, ob noch Gottvertrauen zu finden sein wird auf Erden, wenn denn der Auferstandene wiederkehrt, dann ist diese Frage für uns in Westeuropa hochaktuell. In keinem Bereich der Erde ist der Glaube so reduziert wie bei uns. Ja, eine Studie der Universität Chicago zeigte im vergangenen Jahr auf, dass nirgends so wenige Menschen an einen Gott glauben wie in Ostdeutschland, dem Kernland der Reformation. Die Frage am Ende des Gleichnisses ist also aktuell: *Doch wenn der Mensch kommen wird, meinst du, er werde Glauben finden auf Erden?*

Vielleicht ist gerade dies auch ein Schrei der Gottverlassenheit, der zu hören ist, der genau das Gottvertrauen zum Ausdruck bringt, das er verneint. Solange wir zu Gott schreien, ist der Glaube an Gott nicht verloren. Beten und Leben gehören zusammen. Wer zu Gott betet, verantwortet das eigene Leben vor Gott. Darin drückt sich für mich Glaube aus. Jener Richter ist ungerecht und willkürlich, eben weil er Gott nicht fürchtet. Hier besteht ganz offensichtlich ein kausaler Zusammenhang. Wer Gott fürchtet, wird so leben, den eigenen Beruf so ausüben, dass es vor Gott verantwortbar ist. Leben bedeutet, Beziehung zu anderen Menschen aufnehmen. Die Frage ist: willkürlich, zum Eigennutz, mit dem Recht der Stärkeren oder verantwortlich, mit Blick auf das Gemeinwohl, die Not der Schwächeren? Für das Leben in Verantwortung gegenüber Gott und den Menschen hat Jesus die Zehn Gebote zusammengefasst: *Du sollst Gott über alle*

Dinge lieben und deinen Nächsten wie dich selbst. Das ist ein Verantwortungsdreieck der Liebe, in dem ich mich bewege, in dem ich leben kann. Gott über alle Dinge lieben, bedeutet, ich verantworte mein Leben, alles, was ich denke und tue vor Gott.

Und der Nächste? Wir alle leben ja nicht in *splendid isolation*! Es ist leicht, die zu lieben, die uns nahe sind. Aber die anderen, die anders denken, einer anderen Partei angehören, einer anderen Konfession oder Religion, die anders leben? Was, wenn einer auf mich zukommt, den ich nicht mag, nicht ausstehen kann, vielleicht gar verachte? Schaffe ich es, tief durchzuatmen und zu denken: Auch du bist ein Geschöpf Gottes? Einen Versuch ist es wert ... Und schließlich dürfen wir uns selbst lieben – auch wenn Protestanten das schwerfällt. Doch, wir dürfen das Schöne schätzen, ein Leben in Fülle auch. Ja, wir scheitern oft an unseren eigenen Ansprüchen, machen Fehler. Aber wenn Gott uns schon liebt, warum sollten wir uns selbst nicht lieben? Wenn Gott uns Veränderung zutraut, warum sollten wir selbst zweifeln, dass wir neu anfangen könnten? Die Gebetsverbindung zu Gott eröffnet die Freiheit, Angst und Scheitern nicht zu leugnen, sondern sich mit diesen Schwächen selbst anzunehmen. Gebet und Gottvertrauen verändern unsere Haltung im Leben, sie beeinflussen unser Reden, Denken und Tun. Noch einmal Dorothee Sölle:

Erneuere unser Herz

Erneuere auch unser Herz
und gib uns den Geist
der Klarheit und des Muts
denn das Gesetz des Geistes
der uns lebendig macht in Christus
hat uns befreit
von dem Gesetz der Resignation
Lehre uns die Kraft
der kleinen Leute zu spüren

und keine Angst mehr zu haben
wenn wir widersprechen
Erneuere auch unser Herz
und lass uns wieder miteinander reden
lehre uns zu teilen statt zu resignieren:
das Wasser und die Luft,
die Energie und die Vorräte
zeig uns, dass die Erde dir gehört
und darum schön ist

aus: Sölle, Leben ohne lügen. Gedichte.

Wie also lernen wir beten? Wie wird Gottvertrauen heute aktuell? Napuli, eine vierundzwanzigjährige Frau, die in einem
Container aus dem Sudan geflohen ist und zu den Flüchtlingen
gehört, die auf dem Oranienplatz zelten, betet. Ohne Unterlass.
Sie sagt: »Manchmal habe ich wirklich Angst. Aber ich sage mir,
ich muss stark sein. Um meinen Sohn zu finden, um zu erfahren,
ob mein Mann noch lebt. Aber wenn ich mich jetzt zu sehr damit
beschäftige, dann kann ich nicht einmal mir selbst helfen. Darum muss ich die Dinge geschehen lassen und Gott ist mit mir.
Ich glaube an Gott. Gott wird mir sagen, was ich tun soll. Und
jetzt muss ich erst einmal meine Ausbildung abschließen. Ich
will studieren, um zur Entwicklung meines Landes beizutragen.
Daran glaube ich.«[60]

Ich bin überzeugt, nicht nur »Not lehrt beten«. Wie viele Menschen habe ich gesehen, die glücklich zur Kirche kommen und
beten, dankbar, dass ein Kind geboren ist! Wie viele beten voll
Freude, wenn sie Liebe gefunden haben. Wie viele sind dankbar, dass sie frei leben dürfen in diesem Land, gerechte Richter finden, nicht Willkür oder Gewalt ausgesetzt sind. Wie viele
beten, weil sie jeden Tag aus Gottes Hand nehmen. Liebe, die
Sehnsucht nach Gerechtigkeit und das Gebet, sie gehören zusammen. Und: Martin Luther hat gesagt, wir sollen nicht viel
Brimborium ums Beten machen. Jeden Tag ein Vaterunser, das
reiche. Und er hat erklärt, wer singe, bete zweifach. Luther hat

einmal an einen Mann, der – wir würden heute sagen – unter Depressionen litt, geschrieben: »Kommt der Teufel und gibt Euch Eure Sorgen oder Gedanken ein, so wehrt Euch frisch und sprecht: Aus, Teufel; Ich muss jetzt meinem Herrn Christus singen und spielen.«[61]

Der Menschensohn wird Glauben und Gottvertrauen finden auf der Erde, wenn er kommt. Seien wir nicht pessimistisch. Menschen suchen Gott. Und wir können Gott finden. Wir dürfen mit Gott reden, »per Du« sein, streiten, ringen. Wir dürfen um Recht ringen wie die bittende Witwe. Ja, wir müssen weiter nerven, weil wir mitten in die Welt gewiesen sind mit unserem Glauben und ihn nicht hinter verschlossenen Türen oder in privaten Winkeln praktizieren. Und wir dürfen sicher sein, in Gott keinen willkürlichen Richter zu finden, sondern den Gott, der uns kennt, uns hört, wenn wir nerven, sogar Nachsicht hat mit unseren Fehlern und längst Ja gesagt hat zu uns. Noch einmal Dorothee Sölle:

Der dritte Weg

Wir sehen immer nur zwei Wege
sich ducken oder zurückschlagen
sich kleinkriegen lassen oder
ganz groß herauskommen
getreten werden oder treten
Jesus du bist einen anderen weg gegangen
du hast gekämpft aber nicht mit waffen
du hast gelitten aber nicht das unrecht bestätigt
du warst gegen gewalt aber nicht mit gewalt
Wir sehen immer nur zwei möglichkeiten
selber ohne luft sein oder andern die kehle zuhalten
angst haben oder angst machen
geschlagen werden oder schlagen
Du hast eine andere möglichkeit versucht
und deine Freunde haben sie weiterentwickelt

sie haben sich einsperren lassen
sie haben gehungert
sie haben spielräume des handelns vergrößert
Wir gehen immer die vorgeschriebene bahn
wir übernehmen die methoden dieser welt
verachtet werden und dann verachten
die andern und schließlich uns selber
Laßt uns die neuen wege suchen
wir brauchen mehr phantasie als ein rüstungsspezialist
und mehr gerissenheit als ein waffenhändler
und laßt uns die überraschung benutzen
und die scham die in den menschen versteckt ist

aus: Sölle, Zivil und ungehorsam. Gedichte. 1990

Bibelarbeit auf dem Deutschen Evangelischen Kirchentag
in Hamburg am 2. Mai 2013 (Lukas 18,1 ff.)

Alles Luther, oder was?

Wenn ich jetzt durch die Reihen ginge und Sie fragen würde: »Was hoffen Sie?« Oder bei Ihnen dort vorne fragen würde: »Was glauben Sie?« Was würden Sie antworten? Wie ginge es Ihnen damit? Einige würden vielleicht sagen: »Liebe Frau Käßmann, Sie sollen doch predigen und nicht ich!« Wir haben es eben in der Lesung gehört, der Predigttext im ersten Petrusbrief fordert uns heraus, Verantwortung für unseren Glauben zu übernehmen, zu sagen, was wir hoffen. *Seid allezeit bereit zur Verantwortung vor jedermann, der von euch Rechenschaft fordert über die Hoffnung, die in euch ist.* (1. Petr. 3, 15b)

Mit Blick auf das Reformationsjubiläum 2017 wird das auf ganz eigene Weise erwartet. Was ist eigentlich evangelisch? Nun ist mir klar, hier in Torgau könnte das jeder Mensch locker sagen, allein schon, wenn jeden Sonntag so viele Menschen zum Gottesdienst kommen! Aber insgesamt stehen die Evangelischen im Land, ob nun lutherisch, reformiert oder freikirchlich vor der Frage, was das evangelische Profil sei. Wie können wir verantwortlich heute Rechenschaft geben von unserem Glauben, von unserer Hoffnung? Und es stellt sich die Frage nach der Ökumene: Feiern wir eine Spaltung oder eine Geschichte des Zugewinns an Freiheit? Sind die Trennungen des 16. Jahrhunderts wirklich noch relevant? Was ist denn evangelisches Profil?

Rechenschaft von der Hoffnung geben, das war zentrales Anliegen Martin Luthers. Er hat eine ungeheure innere Freiheit erfahren, als ihm klar wurde, dass weder Papst noch Kaiser, weder Sünde noch Gesetze ihn von Gott trennen können. Gott ist schon da. Gottes Hand ist schon ausgestreckt. Von der Bibel her konnte er dieses Gottesverständnis für sich begreifen. Deshalb ist für die Protestanten das »sola scriptura«, die Schrift allein, von so zentraler Bedeutung. Es geht Luther darum, nicht einen von der Kirche in Bahnen und Dogmen gelenkten Glauben zu übernehmen, sondern die Menschen mündig werden zu lassen. »Sola fide« – allein aus Glauben: Mein Leben findet nicht Sinn, indem ich versuche, vor den Maßstäben dieser Zeit zu bestehen. Sondern es ist geschenkt, der Sinn ist mir schon zugesagt. In der Sprache der Ökonomie dieser Zeit: Unser Lebenskonto ist schon in den schwarzen Zahlen, weil Gott für uns eingezahlt hat. Und nichts, was wir sagen oder tun, kann es in die »Miesen« bringen. »Solus Christus« – an ihm entscheidet sich mein Leben. Christus ist der Maßstab. Kein Führer, kein vermeintlich tausendjähriges Reich, keine Ideologie können dagegen antreten. Mit Blick auf das Kreuz finde ich meine Lebensorientierung.

Nun werden einige sagen: Wieder alles Luther, oder was? Nein. Die Reformation war eine Bewegung, die viele Jahrzehnte umfasste, aber 1517 ist ihr Symboldatum. Und die Reformation wurde von vielen Menschen in Gang gesetzt, Martin Luther ist die Symbolfigur. Sehr schön zeigt das ein Altarbild des italienischen Künstlers Gabriele Mucchi, das in der kleinen Kirche von Alt-Staaken am Rande Berlins zu sehen ist. In diesem Wandgemälde sind unter dem gekreuzigten Christus 12 historische Persönlichkeiten versammelt, die im 16. Jahrhundert bei der Erneuerung der Kirche und des Weltbildes eine wichtige Rolle gespielt haben: Nikolaus Kopernikus, Ulrich Zwingli, Johannes Calvin, Ignatius von Loyola, Thomas Morus, Katharina von Bora, Martin Luther, Thomas Müntzer, Johannes Bugenhagen, Philipp Melanchthon, Lucas Cranach, Erasmus von Rotterdam. Das ist ein großartiges Zeichen dafür, dass es um eine breite Bewegung ging, einen enormen Aufbruch. Und ich bin froh, dass Mucchi Katharina von Bora dort versammelt hat.

Es ist wie so oft in der Geschichte: Die Männer werden gesehen, gehört, gelesen. Ohne die Frauen im Hintergrund aber könnten sie gar nicht agieren. Und gerade die Kirchen in aller Welt leben davon, dass Frauen sie tragen, den Glauben weitergeben an die nachwachsende Generation. Von allen Frauen der Reformation nun ist Katharina von Bora die bekannteste. Wir wissen einiges von ihr, eine starke und mutige Frau war sie, hier in Torgau, der ersten Station nach der Flucht aus dem Zisterzienserinnenkloster und dem Ort, an dem Katharina starb, bewahren Sie ihr Erbe. Das ist wichtig. Denn wenn wir nach »typisch evangelisch« fragen, spielen Frauen eine entscheidende Rolle. Und das hat etwas zu tun mit der Rechenschaft über die Hoffnung, die in uns ist.

An zwei Beispielen möchte ich das zeigen. Luther hat deutlich gemacht: Die Freiheit, von der er spricht, berührt zuallererst Glaubensfragen, jeder Zwang wird hier abgewehrt. Daraus entsteht die Freiheit des Gewissens, die sich dann als verantwortliche Freiheit im persönlichen und öffentlichen Leben umsetzt. Es war auch die Freiheit, sich ehelich zu binden. Am Katharinatag muss daran erinnert werden! Zölibatäres Leben galt als vor Gott angesehener, der gerade Weg zum Himmel sozusagen. Als Martin Luther Katharina von Bora heiratete, war es ein Zeichen, dass auch Leben in einer Familie, mit Sexualität und Kindern von Gott gesegnetes Leben ist. Für viele Reformatoren war der Schritt zur Ehe ein Signal. Die öffentliche Heirat von bisher zölibatär lebenden Priestern und Mönchen und Nonnen war ein theologisches Signal. Die Theologin Ute Gause erklärt, sie sei eine Zeichenhandlung, die »etwas für die Reformation Elementares deutlich machen wollte: die Weltzuwendung und demonstrative Sinnlichkeit des neuen Glaubens«[62]. Nun wird ja den Evangelischen im Land eher unterstellt, dass sie weniger sinnlich seien als die römischen Katholiken oder die Orthodoxie. Die Reformatoren aber wollten gerade deutlich machen: Weltliches Leben ist nicht weniger wert als priesterliches oder klösterliches. Es geht darum, im Glauben zu leben im Alltag der Welt.

Luther sah von der Bibel her, etwa dem Titusbrief (1,6), die

Priesterehe legitimiert und schon 1521 heiratete einer seiner Schüler, der Kemberger Priester Bartholomäus Bernhardi. Die Debatten darum zeigten: Freiheit im evangelischen Sinne ist nie der Libertinismus, mit dem Freiheit heute allzu oft verwechselt wird nach dem Motto: »Alles egal.« Sie ist nie die Banalisierung und Trivialisierung von Werten und Standpunkten nach dem Motto: »Soll jeder machen, was er will!« Nein, um Verantwortung geht es und um Bindung an Gottes Wort. Freiheit im evangelischen Sinne ist deshalb auch nie liberal im Sinne von absoluter Individualität, sondern sie weiß sich bezogen auf Gemeinschaft. Zölibatsbrüche hatte es in jener Zeit viele gegeben. Und so war die Ehe ein Schritt in eine ernsthafte verantwortliche Verbindung. Leicht war das für Katharina ebenso nicht wie für die anderen Frauen. Sie wurden dafür verspottet und geschmäht, ihnen wurde prophezeit, behinderte Kinder zur Welt zu bringen. Ganz offensichtlich aber haben sie Luthers Freiheitsverständnis in aller Ernsthaftigkeit zutiefst geteilt. Katharina Zell, eine gebildete Straßburgerin, verteidigte ihre Ehe als »Bekenntnisakt im Einsatz für das Evangelium«[63]. Indem Frauen respektiert werden, Sexualität als Teil des Lebens, ja als Geschenk Gottes anerkannt wird, geben die Reformatoren und ihre Frauen Rechenschaft von der Hoffnung, die in ihnen ist.

Das hat viele Konsequenzen. Eine ist beispielsweise, dass in den ersten Kirchenordnungen der Reformatoren Hebammen aufgewertet werden als Kirchendienerinnen. Eine Frau, die geboren hat, wird nicht mehr als unrein angesehen, sondern sie soll umsorgt und betreut werden. Die Hebammenordnungen der Reformationszeit sind ein Zeichen dafür.[64] Katharina selbst hat sechs Kinder geboren, von denen zwei früh starben. Sie führte »einen erfolgreichen kleinen Familienbetrieb«, gab Studenten Unterkunft, bewirtete Gäste, stellte Arzneien her. Wenn Luther sie »Herr Käthe« nannte, dann klingt das respektvoll und liebevoll zugleich.

Luthers Freiheitsbegriff hat in der Weiterentwicklung zu

mancher Freiheit heute geführt. »Freiheit, Gleichheit und Brüderlichkeit« als Schlagwort der Französischen Revolution haben im Gedanken der Freiheit eines Christenmenschen durchaus Wurzeln. Dass in Frankreich prompt die Schwestern unter den Tisch fielen, zeigt, wie langsam sich Erkenntnisse umsetzen. Die Frauen aber in aller Welt haben immer wieder erkannt, welche Hoffnung in der Lebenszusage des Evangeliums liegt und wie sehr diese Hoffnung im reformatorischen Wirken sichtbar wird. Die Frage wird sein, ob Christinnen und Christen sich ihres Erbes bewusst genug sind, um energisch für die Freiheit einzutreten – für die eigene, aber vor allem auch für die Freiheit des und der anderen. Es geht zuallererst um die Freiheit, die uns Christus schenkt. In der Konsequenz geht es immer auch um Freiheit des Gewissens, Religionsfreiheit, Meinungsfreiheit.

Als zweites Beispiel will ich die Taufe nennen. Für Martin Luther wurde immer klarer: Die Taufe ist das zentrale Ereignis und Sakrament. Hier sagt Gott einem Menschen Gnade, Liebe, Zuwendung, Lebenssinn zu. Und alles Scheitern, alle Irrwege des Lebens können das nicht rückgängig machen. Gehen wir zur Taufe zurück, brauchen wir keine Buße, kein Bußsakrament: Wir sind erlöst, wir sind längst Kinder Gottes. »Baptizatus sum« – ich bin getauft. In den schwersten Stunden seines Lebens hat Martin Luther sich das gesagt und daran Halt gefunden.

Jeder, der aus der Taufe gekrochen ist, ist Priester, Bischof, Papst, hat Luther erklärt. Deshalb hatte die BILD-Zeitung auch sehr recht, als sie titelte: »Wir sind Papst!« Von daher hat Luther den Respekt gegenüber Frauen entwickelt. Sie sind getauft und damit stehen sie auf gleicher Stufe. Das war in seiner Zeit eine ungeheuerliche Position! Frauen galten als unrein, wenn sie nicht Jungfrau waren, Hexenwahn grassierte – von dem sich Luther leider allerdings nicht entschieden distanzierte. Erst nach langen Debatten wurde Frauen überhaupt eine unsterbliche Seele zugestanden. Da zu sagen: Wir sind getauft und damit vor Gott gleich, war ein theologischer Durchbruch und zugleich eine gesellschaftliche Revolution.

Luther konnte dabei übrigens ungeheuer modern sein. Es geht darum, ob gestandene Mannsbilder sich lächerlich machen, wenn sie Windeln waschen. Hören wir also mal kurz original Martin Luther: »Wenn ein Mann herginge und wüsche die Windeln oder täte sonst an Kindern ein verachtet Werk, und jedermann spottete seiner und hielte ihn für einen Maulaffen und Frauenmann, obwohl ers doch in .... Christlichem(n) Glauben täte; Lieber, sage, wer spottet hier des anderen am feinsten? Gott lacht mit allen Engeln und Kreaturen, nicht, weil er die Windeln wäscht, sondern weil erst im Glauben tut. Jener Spötter aber, die nur das Werk sehen und den Glauben nicht sehen, spottet Gott mit aller Kreatur als der größten Narren auf Erden; ja sie spotten nur ihrer selbst und sind des Teufels Maulaffen mit ihrer Klugheit.«[65] Das heißt: Es kommt nicht auf das Geschwätz der Leute an. Es kommt darauf an, dass ich weiß, wer ich bin, dass ich mein Leben vor Gott und in Gottvertrauen lebe und damit Rechenschaft gebe von der Hoffnung, die in mir ist. Und es ist Teil der Schöpfung Gottes, Kinder großzuziehen, es ist Teil der Existenz von Mann und Frau. Oder: »An der Art, wie beide im Vollzug täglicher Aufgaben miteinander umgehen, zeigt sich, ob sie glauben, was sie bekennen.«[66]

Es hat allerdings noch ein paar Jahrhunderte gedauert, bis die Kirche der Reformation begriffen hat, was Priestertum aller Getauften meint. Nämlich, dass Frauen auch de facto Pfarrerin und Bischöfin werden können. Aber wie sagten die Reformatoren: Die Kirche der Reformation muss sich beständig weiter reformieren. Heute ist jedenfalls Kennzeichen der evangelischen Kirche fast überall auf der Welt bis auf wenige Ausnahmen, dass Frauen Pfarrerin sein können und auch Bischöfin. Wer das Ringen in manchen Kirchen und Ländern sieht und liest, kann eigentlich nur sagen: Schaut noch einmal auf die Reformation und gebt Rechenschaft von der Hoffnung, die sie bewegt hat.

Rechenschaft von der Hoffnung heißt also: im Alltag unseren Glauben leben. Da wo wir stehen, da wo Gott uns hingestellt hat, als Mann oder Frau, in der Familie und Nachbarschaft, in Schule und Beruf. Und: Wir alle stehen hierarchisch auf einer Stufe, sind Teil der Familie der Kinder Gottes, weil wir getauft sind.

Für mich drückt das alles Luthers Haltung in Worms vor weltlicher und kirchlicher Macht aus: Ich stehe hier, ich kann nicht anders. Das ist die Haltung der Freiheit eines Christenmenschen. Sie ist immer wieder aktuell geworden, mit ihr haben Christinnen und Christen vor Ideologien und brutaler Unterdrückung immer wieder ihre Freiheit bewahrt, auch in der DDR. Diese Haltung haben seine reformatorischen Mitstreiter und eben auch die Frauen der Reformation eingenommen. Es ist eine innere Haltung, die sich vor Gott verantwortet, die eigene Gewissensentscheidungen an der Bibel misst und sie dann konsequent umsetzt. Gott trägt uns nicht nach, was uns nicht gelingt, wo wir seinem Anspruch an uns nicht gerecht werden. Weil wir das niemals ganz und gar durch ein noch so gutes Leben schaffen würden. Aber wir können aufrechten Hauptes Rechenschaft geben von der Hoffnung des Glaubens, die uns hält und trägt. Dazu gebe Gott uns Weisheit, Mut und Segen.

Predigt in Torgau am 1. Juli 2012
(1. Petrus 3,15b)

Eine Ethik des Genug?

Lukas 16, 1–13

Er sprach aber auch zu den Jüngern: Es war ein reicher Mann, der hatte einen Verwalter; der wurde bei ihm beschuldigt, er verschleudere ihm seinen Besitz.

Und er ließ ihn rufen und sprach zu ihm: Was höre ich da von dir? Gib Rechenschaft über deine Verwaltung; denn du kannst hinfort nicht Verwalter sein. Der Verwalter sprach bei sich selbst: Was soll ich tun? Mein Herr nimmt mir das Amt; graben kann ich nicht, auch schäme ich mich zu betteln. Ich weiß, was ich tun will, damit sie mich in ihre Häuser aufnehmen, wenn ich von dem Amt abgesetzt werde. Und er rief zu sich die Schuldner seines Herrn, einen jeden für sich, und fragte den ersten: Wie viel bist du meinem Herrn schuldig? Er sprach: Hundert Eimer Öl. Und er sprach zu ihm: Nimm deinen Schuldschein, setz dich hin und schreib flugs fünfzig. Danach fragte er den zweiten: Du aber, wie viel bist du schuldig? Er sprach: Hundert Sack Weizen. Und er sprach zu ihm: Nimm deinen Schuldschein und schreib achtzig. Und der Herr lobte den ungetreuen Verwalter, weil er klug gehandelt hatte; denn die Kinder dieser Welt sind unter ihresgleichen klüger als die Kinder des Lichts. Und ich sage euch: Macht euch Freunde mit dem ungerechten Mammon, damit, wenn er zu Ende geht, sie euch aufnehmen in die ewigen Hütten. Wer im Geringsten treu ist, der ist auch im Großen treu; und wer im Geringsten ungerecht ist, der ist auch im Großen ungerecht. Wenn ihr nun mit dem ungerechten Mammon nicht treu seid, wer wird euch das wahre Gut anvertrauen? Und wenn ihr mit dem fremden Gut nicht treu seid, wer wird euch geben, was euer ist? Kein Knecht kann zwei Herren dienen; entweder er wird den einen hassen und den andern lieben, oder er wird an dem *einen hängen und den andern verachten. Ihr könnt nicht Gott dienen und dem Mammon.*

Offen gestanden, als ich letzte Woche über dieser Bibelarbeit gebrütet habe, konnte ich gut nachvollziehen, was ein Kollege sagte: »Als ich den Text gelesen habe, bin ich doch lieber auf den Freitag gegangen für die Bibelarbeit, das ist so ein klarer, fröhlicher Text.« Aber da hatte ich schon zugesagt für heute. Und Herausforderungen soll der Mensch ja auch nicht ausweichen. In der Exegese ist umstritten, ob es sich bei diesem Text um ein Gleichnis handelt, der Verwalter dadurch etwa zum Vorbild wird für ein Handeln angesichts des nahenden Reiches Gottes. Andere sehen hier eher eine »vergessene Beispielgeschichte«, in der Jesus von Menschen erzählt, »die in ihrem Verhalten selbst gegen Konventionen verstoßen«[67]. Viele sehen die Geschichte auch als Parabel. Sie steht im Kontext anderer Beispielgeschichten über die Verführbarkeit durch die Welt des Reichtums – die Geschichte vom Reichen Jüngling steht unmittelbar davor und die vom reichen Lazarus folgt noch im selben Kapitel. Die meisten Exegeten sehen unseren Bibeltext für heute Morgen daher als Warnung vor der Verführbarkeit des Mammon, ja vor der dämonischen Wirkung, die Geld entfalten kann. Einzelne Exegeten (z. B. Joachim Jeremias) meinen, dass Jesus hier auf einen Skandalfall Bezug nimmt, den es gegeben und der die Leute unmittelbar beschäftigt hat. Das wäre so wie bei uns, wenn Herr Hoeneß oder Herr Blatter im Mittelpunkt der Aufmerksamkeit stehen und erwartet wird, dass Menschen das einordnen nach dem Motto: Was sagt Jesus dazu?

Klar wird: Wir sollen lernen vom schlauen Verhalten des Verwalters – aber, so fragen viele, in welche Richtung? Anvertrautes Geld verschleudert der »verlorene Sohn« ebenso wie der »untreue Verwalter«. Der Sohn kommt reuig zurück und wird vom Vater aufgenommen. Der Verwalter veruntreut Geld zur Entlastung von Menschen, aber mit dem Eigennutz, dass sie dafür ihm dankbar sein werden. Das könnten wir durchaus positiv sehen. Kerstin Schiffner stellt den Verwalter in ihrer exegetischen Skizze zu diesem Text in einen Zusammenhang mit anderen Erzählungen bei Lukas über Menschen, die sich nicht an Konventionen halten. Sie schreibt: »Diese Menschen stellen sich gegen das herrschende System, destabilisieren es, stellen durch ihr Tun scheinbar Selbstverständliches infrage und leisten damit Widerstand – allerdings nicht in großem Maßstab, sondern in ihren eigenen Bezügen.«[68] Das hat mir sehr eingeleuchtet und für mich ist das – um es vorwegzunehmen – der Schlüssel zum Text. Im Folgenden möchte ich mit Ihnen den Text und vor allem die involvierten Personen genauer anschauen. Anschließend geht es um das System, in das wir eingebunden sind. Schließlich ist die Frage, ob wir überhaupt handeln können.

Die handelnden Personen

Zuallererst ist da *der reiche Mann*. Er besitzt Grund und Boden im Ausland und hat dazu einen ziemlich selbstständigen Verwalter eingesetzt. Das war in der Zeit des Neuen Testaments offenbar sehr üblich und das kennen wir ja auch heute: Scheichs aus Saudi Arabien besitzen Anteile an VW in Wolfsburg, Deutsche kaufen Land in Thailand und lassen diesen Besitz schlicht verwalten. Es ist merkwürdig, dass dieser Reiche in der Exegese eigentlich gar keine Rolle spielt. Er wird geschont mit Kritik. Dabei könnte er doch leicht kritisiert werden. Zum einen scheint er ganz selbstverständlich Gewinn zu machen, indem er anderen etwas leiht und sich Zins und Zinseszins dafür zahlen lässt. Und da geht es nicht um kleine Summen! Allein die hundert Eimer Öl, die genannt werden, entsprechen, so wurde berechnet, der Summe von 146 000 Denaren, ein Einkommen, das eine billige Arbeitskraft in 500 Jahren erzielen würde. Das heißt: Für diesen Menschen spielt Geld im Alltag keine Rolle mehr, weil er schlicht mehr als genug davon hat. Ob dieser Mann Verantwortung übernimmt in der Gesellschaft, wie er lebt, davon wissen wir nichts, daran gibt es keine Kritik. Auch wird nicht kritisiert, dass dieser Mann ganz offensichtlich auf Gerüchte hin handelt. Der Verwalter wird ja nur beschuldigt – in der Kirchentagsübersetzung heißt es *verdächtigt* –, Geld verschleudert zu haben. Aber der reiche Mann hört auf das Gerücht und entlässt seinen Angestellten. Knallhartes Durchsetzungsvermögen, würde das heute wohl heißen. In jedem Fall handelt es sich bei dem reichen Mann um einen Machtmenschen. Der hört sich nicht groß an, was die anderen zu sagen haben. Er hat das Geld, also bestimmt er, wie die Sache läuft. Es geht auch gar nicht darum, ob er nachweislich geschädigt wurde, einen Gewinnverlust zu befürchten hat. Es geht um die pure Ausübung von Macht, die meint, sich nicht rechtfertigen zu müssen.

Natürlich gibt es Menschen, die reich sind. Reichtum an sich wird in der Bibel ja gar nicht verurteilt. Aber die Frage ist, wie ich damit umgehe. Der berühmte Reiche, der schwerer ins Himmelreich kommt als ein Kamel – oder wie andere übersetzen ein dickes Tau – durch ein Nadelöhr, hat das Problem ja nur, weil er so sehr am eigenen Reichtum hängt. Der Reichtum hält ihn fest, macht ihn unfrei. Ihm fehlt die Freiheit, loszulassen, weil er am Ende meint, sein Leben hänge am Haben – das ist der fundamentale Irrtum, der die Freiheit einschränkt. Und natürlich gibt es Menschen, die Macht haben. Eine Welt ohne Macht ist Illusion. Aber die Frage ist, wie ich mit Macht umgehe, welche Haltung ich habe zur Macht. Verstehe ich sie als geliehen, als Verantwortung, der ich gerecht werden muss? Gehe ich rechenschaftspflichtig mit ihr um? Was uns an Menschen mit Macht – sei es Geld, Einfluss oder Amt – so zornig werden lässt, ist die Arroganz der Macht, die meint, die eigenen Ziele, zu denen diese Macht gebraucht wird, müssten nicht mehr erläutert oder gar transparent werden. Genau das führt zu Verdruss nach dem Motto: »Die da oben, denen kann ja doch keiner trauen, denen geht es nur um sich selbst.« Kurzum: Ein Sympathieträger ist dieser reiche Mensch nicht. Aber er kommt gut weg im Gleichnis, er wird nicht kritisiert.

Ganz anders die zentrale Figur, der *Verwalter* – wie Luther übersetzt – oder auch *Geschäftsführer*, wie die Übersetzung für diesen Kirchentag ihn bezeichnet. Erst einmal verteidigt er sich nicht. Das legt doch den Verdacht nahe, dass er tatsächlich schuldig ist. Oder? Gilt nicht auch für die Hörenden und Lesenden dieser Geschichte die Unschuldsvermutung? Vielleicht sagt er sich ja: Hat keinen Zweck. Wenn sie dich erst mal am Wickel haben, finden sie schon etwas, das an dir hängen bleibt. Das ist so ein wenig wie das Gefühl, das manche in der Mediengesellschaft haben. Jeder hat irgendeinen Schwachpunkt, nobody is perfect. Wenn die Jagdsaison eröffnet ist, alle Bekannten, Freunde und Verwandten befragt werden, alle Texte, Rechnungen, Steuererklärungen überprüft sind, wird irgendjemand irgendetwas finden, irgendein Detail, das skandalisiert werden kann. Vielleicht sagt er sich deshalb: Da gebe ich gleich auf. Oder er hat tatsächlich gemauschelt, gar betrogen und denkt, Gegenwehr ist sinnlos, Vergebung gibt es ohnehin nicht und zuhören wird mir auch niemand? Also wird er zum Strategen: Was tun in einer so vertrackten Situation? Und da wird der Mann ziemlich kreativ, finde ich. Er sagt sich, dass seine Alternativen Betteln oder schwere Arbeit sind. Beides keine attraktiven Ziele, in der Tat. Wie wäre es, sich über gute Beziehungen Zukunftschancen zu schaffen? Das ist ziemlich clever. Bei der nächsten Bewerbung ist der, dem er die eine Schuld zur Hälfte erlassen hat, vielleicht im Aufsichtsrat. Beim kommenden Postengeschacher ist der, dem er die Weizenschuld reduziert hat, vielleicht die entscheidende Stimme für eine Mehrheit.

Ganz klar ist: Dieser Verwalter ist kein Robin Hood als Rächer der Enterbten und Schützer der Witwen und Waisen! Er sorgt für sich selbst und schafft Beziehungen, in denen er etwas gut hat auf Kosten des reichen Mannes, der ihm sein Gut anvertraut hat.

Aber wie wollen wir das werten – genau das ist die Frage der Exegeten, die ich oben genannt habe. Soll dieser Mann uns abschrecken, weil er untreu ist gegenüber seinem Arbeitgeber? Oder soll er uns Vorbild sein, weil er seine Macht benutzt, um Schulden zu erlassen, und damit das ungerechte System durchbricht?

Wie *die, denen die Schulden erlassen werden*, reagieren, wissen wir im Detail nicht. Ob sie wirklich so dankbar sind, wie der Verwalter es sich erhofft, und ihn aufnehmen in ihr Haus oder ihm helfen, Fuß zu fassen? Oder war das doch nur ein allzu frommer Wunsch, eine vage Hoffnung? Auf jeden Fall ist das Erlassen von Schulden gutes biblisches Gebot. Im fünften Buch Mose heißt es: *Alle sieben Jahre sollst du ein Erlassjahr halten. So aber soll's zugehen mit dem Erlassjahr. Wenn einer seinem Nächsten etwas geborgt hat, der soll's ihm erlassen und soll's nicht eintreiben von seinem Nächsten oder von seinem Bruder, denn man hat ein Erlassjahr ausgerufen dem Herrn.* (15,1 f.) Der Erlass von Schulden sollte einen neuen Anfang, ja Freiheit ermöglichen. Und das ist eine Realität bis heute. Unser Insolvenzrecht hat das Prinzip übernommen: Auch Menschen, die in die Insolvenz gehen, müssen eine neue Chance bekommen, und sie erhalten sie gut biblisch nach deutschem Recht nach sieben Jahren. Das ist eine Frage der Gerechtigkeit, dass Menschen frei werden können von Schuld und Schulden und neu anfangen dürfen. O ja, sie werden sich gefreut haben, die Schuldner, über das Angebot, die Schulden mit einem Handstreich zu reduzieren. Die Ärmsten der Armen waren sie offenbar nicht. Aber solche Schulden drücken, lähmen. Was für eine Freiheit, davon loszukommen! Der Verwalter durchbricht schlicht die Logik des Systems und schafft so Wege in die Zukunft. Das wäre mal eine Vision für Griechenland! Nicht auf den festgefügten Pfaden trampeln, sondern Raum schaffen für Kreativität. Ach, da kann der etwas schillernde Verwalter doch Wege weisen. Es heißt ja stets, Visionen sind nicht hilfreich, Realpolitik brauchen wir. Aber Durchbrüche schaffen wohl nur Regelbrüche im System.

Schließlich ist da *Jesus*, der das Gleichnis erzählt. Er übernimmt sozusagen ab Vers 8 und interpretiert die Beispielgeschichte. Er lobt tatsächlich die vermeintliche Klugheit des Verwalters. Wir können nun nachdenken: Lobt er ihn, weil er clever ist? Lobt er ihn, weil er für seine Zukunft sorgt? Das wäre einleuchtend, er weiß am Ende, dass ein guter Leumund bei den Leuten mehr wert ist als ein guter Stand beim Arbeitgeber. Interessant finde ich eine Interpretation, die meint, dass Jesus, wenn er sagt, dass die Kinder der Welt klüger sind als die Kinder des Lichts, auf die Gemeinschaft von Qumran anspielt.[69] Steht diese Gemeinschaft für »die Kinder des Lichts«, wie sie sich wohl selbst bezeichnet hat, dann sagt Jesus, dass wir manchmal mehr von den Menschen mitten in der Welt lernen können als von den vermeintlich Frommen, die sich abseits der Welt wähnen in wohl temperierten, sicheren Zirkeln, in denen keine Fragen gestellt werden.

Am Ende geht es um Vertrauen. *Wer im Geringsten treu ist, der ist auch im Großen treu.* (16, 10) Vertrauen ist schnell verspielt. Und nichts ist so schwer zurückzugewinnen wie Vertrauen. Das wissen wir aus persönlichen Beziehungen. Das wissen wir aus Politik, Wirtschaft und auch aus unserer Kirche. Voigt schreibt: »Die von Jesus den Menschen gestellte Entscheidungsfrage lautet also nicht: Gut oder böse, gerecht oder ungerecht, fromm oder gottlos; sie fragt nicht, was der Mensch aus sich heraus sein will, sondern wem der Mensch gehört.«[70] Wem gehört der Mensch? Ja, das ist die entscheidende Frage. Gehören wir der Welt des Mammon oder sind wir als Menschen, die Gott vertrauen, in der Lage, selbstbestimmt zu leben, eine eigene Haltung zu entwickeln, ja gar widerständig zu sein?

Ein paar Fragen an die Welt des Mammon

Nun, ich bin dezidiert keine Wirtschaftswissenschaftlerin, sondern Geisteswissenschaftlerin, Theologin. Daher kann ich es mir leisten, ein paar simple Fragen zu stellen, die mich schon immer interessiert haben in der Welt des Mammon, die ja angeblich ihre ganz eigenen Gesetze hat. Der Verwalter, von dem im Text die Rede ist, wird im griechischen Urtext mit *oikonomos* bezeichnet. Er ist ein freier Mann, der in der Welt der oikonomia sein Geld verdient. Oikonomos aber leitet sich ab von oikos, griechisch »das Haus«. Was ökonomisch getan, gedacht, verhandelt wird, findet also nicht im Abseits statt und kann auch nicht eigene Regeln für sich beanspruchen. Nein, es muss dem Haus, dem Ganzen, dem Gemeinwohl dienen. Es geht nicht um eine Ökonomie, ein Wirtschaften für die Bereicherung Einzelner im Oikos, sondern um eine Ökonomie für das Leben. Und es geht auch nicht um ein Wirtschaften allein mit den Tatkräftigen und Handlungsfähigen, wie es so gern unterstellt wird, als seien Leistungsträger diejenigen, die den Oikos ausmachen. Es geht um ein Wirtschaften mit allen, denn auch diejenigen, die nicht entlohnt werden, wenn sie Kinder erziehen oder Alte pflegen, auch diejenigen, die schlecht entlohnt werden, weil ihr Handeln weniger angesehen ist in der Gemeinschaft, selbst diejenigen, die nicht oder nicht mehr leistungsfähig sind, sie alle sind Teil des Oikos. Nach christlichem Verständnis ist niemand mehr wert als der andere, auch wenn er noch so ein großartiger homo oeconomicus zu sein meint oder scheint.

Wo ist eigentlich das Geld, das weg ist?

Ein Kollege an der Emory Universität in Atlanta hat mir erzählt, dass er vor ein paar Jahren ein Haus gekauft hat für 280 000 Dollar. 100 000 Dollar hat er abgezahlt. Dann kam der große Crash. Heute ist sein Haus noch 150 000 Dollar wert. Das heißt, er hat 100 000 Dollar für nichts abgestottert, 180 000 Dollar Schulden, von denen 30 000 Dollar noch nicht einmal durch das Haus gedeckt sind. Was steckt dahinter? Die Experten sagen mir: »Das war die Blase.« Aber wer hat denn die Blase aufgeblasen? Wir können doch nicht so tun, als sind wir Ausgelieferte an irgendwelche Systeme, an »den Markt« oder konkreter »den Finanzmarkt«. Nein, da agieren Menschen, und sie agieren mit Gier. Und diese Menschen sollten für ihr Handeln zur Rechenschaft gezogen werden. Ich persönlich besitze keine Aktien. Und deshalb kann ich nicht verstehen, warum mit meinen Steuergeldern eine Bank gerettet werden soll, die sich verspekuliert hat. Da werden die Gewinne privatisiert, aber die Verluste sozialisiert. Das ist absurd. Das Geld ist ja nicht »weg«, es hat sehr wohl der Bereicherung einiger weniger gedient. Hier müssen in der Tat die richtigen Fragen gestellt werden.

Wie entstehen Schulden?

Jeder, der mit den eigenen Kindern schon einmal Monopoly gespielt hat, begreift in Grundsätzen das Spiel des Kapitalismus. Dreimal hintereinander auf der Schloßallee mit einem Haus bebaut gelandet, und du bist pleite. Wenn du aber die Schloßallee besitzt, kannst du derweil anfangen, Hotels zu bauen. Sobald es soweit ist, eskaliert alles ganz schnell und das Spiel neigt sich dem Ende entgegen – ich weiß, von manchen Eltern dann in der Tat auch herbeigesehnt. Schulden entstehen schnell, weil Menschen von kleinen Verstrickungen in große geraten. Irgendwann stecken sie in der Schuldenfalle, weil der nicht bediente Handyvertrag, das beim Versandhaus bestellte Sofa, das sofort geliefert, aber später bezahlt werden konnte, eben doch nicht bezahlt wurde. Und dann sagt die Schufa, sozusagen die NSA unsere Einkaufsverhaltens: nicht kreditwürdig. Nicht nur Staaten verschulden sich, sondern auch Menschen, gerade Menschen mit geringem Einkommen geraten allzu schnell in die Schuldenfalle. Da gibt es selten einen Verwalter, der ihnen heraushilft und dem sie vertrauen können. Eher kommen die Lockangebote: »Handyvertrag ohne Schufaauskunft« oder – hatte ich letzte Woche als Wurfsendung im Briefkasten – »Umschuldung – einfach, schnell, diskret«. Wer einmal verschuldet ist, ob Einzelperson oder Staat, gerät ganz schnell in einen Strudel der Verstrickung, an dem sich wieder andere bereichern.

Warum muss ein Lottogewinner sein Geld unbedingt gewinnbringend investieren?

Als kürzlich 90 Millionen im Jackpot waren, gab es viele Ratschläge für potenzielle Gewinner. Hauptratschlag war: auf jeden Fall das gewonnene Geld sehr gut und sinnvoll investieren. Warum eigentlich? Ist das die Logik des Marktes, dass Geld sich immer vermehren muss? Der Lottogewinner oder die Lottogewinnerin könnten sich doch schlicht freuen an dem unerwarteten Geldsegen und ihn zum Segen für viele machen. Aber nein, mehr muss es werden. Eine »Ethik des Genug«, die dem Seelenfrieden sicher zuträglich wäre, kommt nicht zum Zuge.

Wer hat die Idee erfunden, dass Geld arbeitet, dass Geld sich immer vermehren muss?

Wer gut investieren will, was er hat, investiert am besten in Rüstung. Das ist ein Geschäft, das sich immer lohnt. Und die Kriege und Bürgerkriege, die derzeit toben, machen Rüstung zu einem todsicheren Geschäft im wahrsten Sinne des Wortes. Deutsche Finanzinstitute betreiben milliardenschwere Geschäfte mit Atomwaffenherstellern. Der niederländische Verband von Pax Christi hat gezeigt, dass zwischen 2010 und 2012 die deutschen Investitionen in Firmen, die Atomsprengköpfe und Trägersysteme produzieren, 7,6 Milliarden Euro betrugen. »Die Deutsche Bank ist für fast die Hälfte dieses Betrages verantwortlich. Sie investierte laut der Studie unter anderem über Aktien, Anleihen und Kredite mehr als 3,5 Milliarden Euro in Hersteller von Atomwaffensystemen. Auf Rang zwei folgt die Commerzbank mit 1,7 Milliarden Euro. Sie unterhält Beziehungen zu neun dieser Unternehmen.«[71] Und die jüngsten Kriege in Nordafrika, dem Mittleren und Nahen Osten lassen das Geschäft aufblühen. Wenn Sie einmal anfangen, sich im Internet umzuschauen, finden Sie die atemberaubendsten Begründungen für Rüstungsinvestitionen. Eine nur will ich als Beispiel nennen, die Website »GeVestor« mit dem schönen Untertitel »Scharfsicht zahlt sich aus«.[72] Dort schreibt David Gerginov: »Mit Aktien von Rüstungskonzernen Geld zu verdienen erscheint zwar bedenklich zu sein, jedoch muss bedacht werden, dass die Konzerne weder ausschließlich Waffen produzieren noch für die jeweiligen Konflikte in den Ländern verantwortlich sind. ...«

Rüstungsaktien: Günstig, zukunftsorientiert und wachstumsstark

Für die Zukunft werden Aktien von Rüstungsunternehmen ebenfalls gute Chancen eingeräumt. Die Gewinnaussichten stimmen und der Markt für Rüstungsausgaben wächst weltweit seit Jahren. 1700 Mrd. US-$ umfasst dieser Markt mittlerweile und obwohl beispielsweise die USA bei dem Thema in den vergangenen Jahren etwas gespart haben, fließt das Geld aus allen Krisengebieten (Naher Osten, Osteuropa und Nordafrika) in die Rüstung. ... Experten bescheinigen den Rüstungskonzernen ein Kurspotenzial von bis zu 26 %.[73]

Das ist keine Ironie, das ist nicht zynisch gemeint, das habe ich auch nicht erfunden. Das ist das Gesetz des Marktes. Da fällt die Selbstrechtfertigung leicht: Es werden ja nicht nur Waffen produziert und was können die Rüstungskonzerne schon für die Konflikte in diesen Ländern. Hier zeigt sich die absolute Verantwortungslosigkeit, wenn Gier – oder sagen wir: Dividende – zum einzigen Kriterium des Handelns wird. Die Welt des Mammon meint, ihre eigenen Gesetze zu haben. Wer einmal verschuldet ist, kommt nicht mehr raus aus der Mühle, es gibt keinen Neuanfang. Geld muss sich vermehren, koste es, was es wolle. Reiche sollten nicht teilen. Moralische Maßstäbe für Investitionen scheint es nicht zu geben.

Der Verwalter in unserer Geschichte wirkt nicht wirklich sympathisch. Aber in der Tat, er durchbricht die Regeln. Was immer sein Motiv sein mag: Eigenvorsorge, sich einschleimen oder gar Mitleid, ja vielleicht sogar ein Bruch der Systemlogik, es ist anregend. Weil er einen Weg geht, der nicht der Logik des Geldes entspricht, sondern anderes in den Blick nimmt. Er hängt sein Herz am Ende nicht an den Gott Mammon, sondern entscheidet sich, mit den Regeln der Welt des Mammon auf Beziehungen zu setzen, auf andere Menschen, ja auf Dankbarkeit. Sie scheinen ihm am Ende zukunftsträchtiger zu sein als alles andere.

Ausgelieferte oder Handelnde im Oikos Gottes

Nein, wir sind nicht ausgeliefert an Systeme. Wir können handeln. Wenn diese Welt Gottes Schöpfung ist – und das glauben wir als Christinnen und Christen –, sind wir keinen aufgezwungenen Gesetzen des Marktes untergeordnet. Dann können wir als Haushalterinnen und Haushalter diesen Oikos gestalten. Das kostet Kraft und Nerven, manchmal auch Bequemlichkeit und Ansehen, aber es ist eine klare Konsequenz unseres Glaubens. Wir sind alle Teil des Systems von Geld und Macht. Gewiss, manche versuchen auszusteigen, indem sie eine Kommunität gründen, alternativ leben, gar auswandern. »Es gibt kein richtiges Leben im falschen«, heißt ein geflügeltes Wort des Philosophen Theodor W. Adorno. Ursprünglich heißt der Satz in seinen *Minima Moralia*: »Es lässt sich privat nicht mehr richtig leben.«[74] Viele von uns haben dieses Gefühl, denke ich.

Schon Augustin, den Martin Luther intensiv studiert hat, sagt in seiner Schrift über den Staat: »Was anders sind also Reiche, wenn ihnen Gerechtigkeit fehlt, als große Räuberbanden?«[75] Luther stimmt dem zu und wendet sich in mehreren Schriften leidenschaftlich gegen Wucher und Monopole. Seine Kritik richtete sich gegen das Handels- und Wucherkapital des Frühkapitalismus, das Gebaren der großen Bankhäuser wie der Fugger, die Gier nach dem Gold der Azteken. Er misst das Verhalten am ersten Gebot und sieht, wie Geld zum Götzen Mammon wird. Denn nur durch eigenes Dazutun sei die Vermehrung des Reichtums gerechtfertigt. Das stimmt ja auch heute: Geld arbeitet eben nicht. Und Wucherzins bleibt unvertretbar. Die Finanzkrise hat gezeigt, wohin es führt, wenn Geldwirtschaft auf schnelle spektakuläre Gewinne hin orientiert ist. Zins an sich wird heute in der Weltwirtschaft insgesamt nicht infrage gestellt, auch nicht bei Kleinstkrediten etwa im Bereich der Entwicklungsorganisationen. Auch Kirchen legen Rücklagen an etwa für die Pensionskasse. Aber Wucherzins müssen wir auch heute in lutherischer Klarheit anprangern. Wie schrieb Luther: »Nun fürchte ich, dass man beim Zinskaufen recht wenig darauf achtet, wie es dem Nächsten bekommt, wenn nur unser Zins und Gut sicher ist, was man doch auf keine Weise suchen soll. Es ist gewiss ein Anzeichen von Geiz oder Faulheit; wenn auch der Kauf dadurch nicht schlimmer wird, so ist es doch Sünde vor Gott.«[76]

Oha, Luther war sehr klar: Sünde vor Gott ist es, wenn Menschen durch Spekulation mit Geld nur ihren Reichtum halten oder mehren wollen! Wir sind offensichtlich an einem Punkt angekommen, an dem sich die Grenzen einer bestimmten Form von Wachstum im Bereich des Finanzkapitals so deutlich gezeigt haben wie selten zuvor. Aber gelernt wird aus vergangenen Krisen nicht. Erst im März letzten Jahres titelte Focus Money: »Krim-Krise? Sei gierig, wenn andere ängstlich sind! Aktienrat und aktuelle Empfehlungen von Deutschlands Top Experten.« Na, vielen Dank! Die Bibel zeigt uns übrigens einen ziemlich entspannten Umgang mit dem schnöden Mammon. In den Gleichnissen Jesu kommt Geld vor vom verlorenen Groschen bis »Gebt dem Kaiser, was des Kaisers ist«. Und: »Einen fröhlichen Geber hat Gott lieb«, heißt es dort beispielsweise. Das ist auch heute eine klare Erfahrung: Wer geben kann, fühlt sich gesegnet, ebenso wie, wer empfängt. Es geht um einen Segenskreislauf. Einen Kreislauf auch, in dem die Würde aller Beteiligten gewahrt bleibt.

Nächstenliebe und der Aufbau der Gemeinde, die soziale Dimension also, sind Kriterien des angemessenen Umgangs mit Geld in der Bibel. Es ist spannend nachzulesen, dass Jesus ermutigt, mit den Pfunden zu wuchern. Reichtum wird nur verurteilt, wenn er zu Geiz und Gier führt. Es kommt darauf an, was ich damit tue. Die Pfunde mögen Geld sein. Oder eben auch Talente, wie es in einer alten Übersetzung heißt, also Chancen, Möglichkeiten, Gaben, die ich einbringen kann. Wer eigenes einbringt in die Gemeinschaft, wer für andere gibt, was er oder sie hat an Geld, Zeit, Kreativität, wird es vermehren. Es geht um Begabung, die jeder Mensch hat. Evangelische Ethik sagt Ja zu unternehmerischem Handeln. Aber es muss einen Blick aufs Gemeinwohl geben. Auch Geldanlagen an sich stehen nicht infrage. Aber Verantwortung kann nicht schlicht außen vor bleiben! Martin Luther ahnte früh: »Im Zinskauf wird nur Sicherheit, Geiz und Wucher gesucht.«[77]

Da wird von »gierigen Banken« gesprochen. Aber eine Bank kann doch nicht gierig sein, es sind Menschen, die dahinter stehen. Es ist die Rede von »der Wirtschaft«, aber Wirtschaft ist kein Subjekt, es sind einzelne, reale Personen, die sie gestalten. Wir können uns nicht ständig als Ausgelieferte in einem anonymen System betrachten. Wir sollten genau hinsehen und hinhören, selbst Verantwortung übernehmen und diejenigen zur Rechenschaft ziehen, die für Fehlentwicklungen und Unrecht verantwortlich sind, sich bereichern, handeln und entscheiden, was nicht der Zukunft dient. Wir brauchen also einen klaren, realistischen und selbstkritischen Umgang mit Geld, der das Kriterium der Gerechtigkeit nicht aus dem Auge verliert. Das ist gut biblisch. Um innere Freiheit vom Besitz geht es ebenso wie um die Freiheit zum Handeln. Um Verantwortung im Umgang mit Geld ebenso wie um Gottvertrauen. Ein Gegenbeispiel ist das »Dieter-Prinzip«. Ja, er wird belächelt, Dieter Bohlen, aber oft und gern auch bewundert. Zigtausende wollen seine Meinung zu ihrer Stimme hören. Auf die Frage in einem Interview, was ihn motiviert, sagt er: »Money ist the real thing. Kürzlich war ich in Moskau und St. Petersburg und habe vor Zehntausenden Fans die alten Modern-Talking-Songs gespielt. Das waren fast ein Dutzend Konzerte. Wenn ich auf der Bühne stehe, denke ich: 1000 Euro, 2000, 3000 ... Und bei 300 000 steige ich runter und denke: Gut is'.«[78] Das ist die armselige Egomanie unserer Zeit, die von Gemeinsinn, Verantwortung, Nachhaltigkeit nichts weiß. Die Frage ist nicht, *ob* wir mit Geld umgehen. Das müssen wir, da gibt es kein Entrinnen. Die Frage ist, *wie* wir mit Geld umgehen.

Martin Luther hat in der Auslegung des ersten Gebotes erklärt: Woran wir unser Herz hängen, das ist unser Gott. Das Herz dieser Gesellschaft hängt am Geld. Hat der Philosoph Descartes einst die Aufklärung mit dem Satz eingeleitet »Ich denke, also bin ich«, gilt für die meisten Menschen der Satz: »Ich kann mir was kaufen, also bin ich.« Da könnten wir jetzt mit Herbert Grönemeyer anstimmen: »Ja, ich kauf mir was, kaufen macht so viel Spaß, ich könnte ständig kaufen gehen, Kaufen ist wunderschön!« Und auch das Herz der Gesellschaft hängt am Geld. Jeden Abend vor den Nachrichten hören wir, wie es dem Dax geht. Sorgenvoll wird berichtet, wenn es ihm schlecht ergangen ist und die Börsen in Tokyo, New York oder Frankfurt wanken. Mit leuchtendem Strahlen wird gezeigt, wenn er mal wieder irgendeine Marke »geknackt« hat. Das ist wirklich beknackt. Wenn jeden Tag vor den Nachrichten berichtet würde, wie viele Kinder heute in Deutschland geboren wurden, wie viele Flüchtlinge wir aufgenommen haben, wie viele Menschen geheiratet haben, wie viele junge Leute einen festen Anstellungsvertrag unterschreiben konnten – es wäre auch ein Zeichen, woran das Herz unserer Gesellschaft hängt, aber eben ein anderes.

Es geht am Ende immer wieder um die bereits genannte Ethik des Genug. Statt immer mehr zu wollen, wächst Zufriedenheit, wenn wir dankbar sind für das, was wir haben. Wir alle wissen ganz genau, dass wir uns das, was uns am wichtigsten ist im Leben, nicht kaufen können. Sehr schön hat das der Stardesigner Philippe Starck in einem Interview mit der ZEIT ausgedrückt. Auf die Frage, was der Mensch wirklich brauche, antwortet er: »Die Fähigkeit zu lieben. Liebe ist die wunderbarste Erfindung der Menschheit. Und dann braucht man Intelligenz ... Und Humor ist wichtig.« Daraufhin fragt die ZEIT: »Etwas Materielles fällt Ihnen nicht ein?« Starck antwortet: »Wir brauchen nichts Materielles. Viel wichtiger ist, dass man eine eigene Ethik entwickelt. Und dass man sich an diese Regeln auch hält.«[79]

Ich will die Bedeutung von Geld nicht herunterspielen. Menschen die arm sind, werden ausgegrenzt. Von Hartz IV würdig zu leben, ist schwer. Für viele macht sich Gerechtigkeit heute vor allem am Geld fest. Sicher ist Geld ein wichtiger Faktor bei dem bitteren Gefühl, ausgeschlossen zu sein von dem, was die Gemeinschaft erlebt. Es geht zuallererst um Beteiligungsgerechtigkeit. Und die entsteht durch Freiheit. Wer freigiebig ist, lebt in der Tat glücklicher. Dann musst du nicht zwanghaft festhalten, sondern stehst in einer Art Segenskreis, in dem du wieder Freude empfängst von denen, denen du gibst. Denn das wissen wir doch auch: Jemandem etwas geben, schenken können, ist ja nicht nur ein Abgeben, sondern immer auch ein Empfangen. Es bereitet mir Freude, die Freude der anderen zu sehen. Wir können geradezu dankbar sein, wenn wir geben können. Es ist wesentlich schwerer zu nehmen, Zuwendung anzunehmen, weil das oft mit Scham verbunden ist, mit dem Wissen: Ich bin auf andere angewiesen, muss dankbar sein. Wem fällt es leicht, um Hilfe zu bitten? Die Schriftstellerin Gertrud von le Fort hat einmal gesagt: »Von allem, was ich besaß, blieb mir nur das Verschenkte.« Vielleicht hat der Verwalter in unserer Geschichte ja genau das begriffen. Er hat seine Position ausgenutzt, um anderen etwas zu geben. Gut, aus der Sicht des reichen Mannes ist das Betrug. Aber das Verrückte ist ja, dass er genau diesen

Betrug – oder sagen wir diesen falschen Umgang mit dem Anvertrauten aus Sicht des Reichen – erst begeht, als er entlassen wird. Ob er vorher nicht so gewirtschaftet hat, wie es der Reiche erwartet hat, ist ja gar nicht erwiesen.

Beim Nachdenken über diese Geschichte hat mich das am Ende am meisten fasziniert: Der Beschuldigte tut erst, wofür er beschuldigt wird, nachdem er zur Rechenschaft für etwas gezogen wurde, das er wohl gar nicht getan hat. Das zeigt den ganzen Irrsinn eines Denkens, das nur Wachstum als Kriterium für Erfolg kennt und nicht Beziehungen. In so einer Welt geht Vertrauen verloren. Der Verwalter baut Vertrauen auf durch Vorleistung. Ob das berechnend ist, können wir nicht beurteilen. Aber auf jeden Fall durchbricht er die Schemata des Systems. Das ist überraschend und nicht vorhersehbar für den reichen Mann. Es schädigt ihn, wie er meint schon geschädigt zu sein. Es ist aber für die Verschuldeten ein unvorhergesehener Akt der Befreiung. Und für den Verwalter eine Investition in die Zukunft. Wo immer wir die Logik der Welt des Mammon, des Marktes, des »daran lässt sich nun einmal nichts ändern« durchbrechen, kann sich Neues entwickeln, das überraschend ist.

Ermutigung zum Klugwerden

Damit wir klug werden, lautet die Losung dieses Kirchentages in Stuttgart. Dieser Halbsatz ist Psalm 90 entnommen: *Lehre uns bedenken, dass wir sterben müssen, damit wir klug werden.* Wahrscheinlich werden wir wirklich genau dadurch klug, dass wir begreifen, dass unser Leben begrenzt ist. Ich weiß nicht, ob ich noch einen Tag, einen Monat, ein Jahr oder zehn, vielleicht zwanzig Jahre zu leben habe. Aber dadurch, dass es begrenzt ist, weiß ich, dass ich bewusst leben will. Dabei helfen mir andere Werte als die der Gewinnmaximierungsgesellschaft. In der Bibel steht eben nicht »Selig sind die Schnäppchenjäger«, sondern *Selig sind, die hungert und dürstet nach der Gerechtigkeit.* Da steht nicht: »Selig sind die Geizigen, weil sie geil sind«, sondern *Selig sind die reinen Herzens sind, denn sie werden Gott schauen.* Klug werden ist ein Prozess, immer wieder. Und Kirchentage regen dieses Klugwerden an, weil wir uns mit biblischen Texten auseinandersetzen, mit der Welt, in der wir leben, mit Menschen, denen wir begegnen, und Ideen, die uns ermutigen. Eine entstand vor vier Jahren auf dem Kirchentag in Dresden: Die Initiative »anders wachsen«. Sie brachte eine Resolution zum Thema »Wirtschaft braucht Alternativen zum Wachstum« ein, die mit überwältigender Mehrheit angenommen wurde. Daraus entstand eine Plattform, die Alternativen im Kleinen und Großen sucht, erkundet, ermöglicht. Da sind auch kleine erste Schritte aufgeführt vom täglichen Einkauf über eigene Mobilität bis hin zu Geldanlagen. Es macht einen großen Unterschied, wie wir einkaufen, wie wir uns fortbewegen, ob wir unser Geld bei einer Genossenschaftsbank in der Tradition von Raiffeisen und Schulze-Delitzsch verwalten lassen oder bei einer Großbank, die Spekulation mit Nahrungsmitteln betreibt. Ja, kleine Schritte. Ja, gewiss Weltverbesserer. Aber was wären wir ohne solche Hoffnungen, dass es kreative Wege zu Veränderung geben kann?

Klug sind wir, wenn wir uns nicht ermatten lassen, sondern schauen, wie wir in der Welt, in der wir leben, etwas verändern können. Vielleicht auf fragwürdige Weise wie der Verwalter. Aber immer noch besser als dieser fatale Satz: Ich kann ja doch gar nichts tun. Also: Dienen wir Gott und nicht dem Gott Mammon. Auch in der Welt des Mammon lässt sich das Leben in Verantwortung vor Gott und den Menschen gestalten in manchmal sicher kleinen, aber in gangbaren Schritten. Dazu wird Gott uns die Kraft geben, die wir brauchen. Und wir uns gegenseitig die Hoffnung, die uns trägt.

Bibelarbeit auf dem Deutschen Evangelischen Kirchentag
in Stuttgart am 4. Juni 2015 (Lukas 16,1–13).

Prophetische Standfestigkeit

Ich mag Jeremia. Den biblischen Propheten. Er ist mir sympathisch, weil er so menschlich daher kommt in der Bibel. Das ist nicht einer, der vom hohen Ross herunter moralische Wahrheiten verkündet nach dem Motto: Ich weiß genau, was falsch und richtig ist. So solltest du leben! Das hat Gott gewollt. Denn solche Propheten nerven ja eher. Wir kennen sie auch heute, in Tausenden von Ratgebern, gar in der Werbung und auch in der Kirche von den lutherischen Leitlinien kirchlichen Lebens bis zur Glaubenskongregation in Rom ...

Die Prophetie Jeremias

Der Prophet Jeremia hat mit gelitten, leidenschaftlich war er, hat Missstände aufgedeckt, versucht, andere zu überzeugen. Offenbar war er schier unermüdlich im Reden und auch im symbolischen Handeln, etwa wenn er einen Topf in Scherben zerbricht und sagt: So wird dieses Volk zerbrechen, wenn es sich von Gott abwendet. In Jerusalem mehr als 600 Jahre vor Christi Geburt hat Jeremia immer wieder zur Umkehr gemahnt, etwa als das Volk Baal an die Stelle Gottes setzt. Immer wieder hat er soziale Missstände angeprangert. Falsche Bündnispolitik hat er kritisiert und eine Katastrophe angekündigt, sollte sich nicht grundsätzlich etwas ändern hin zu mehr Gerechtigkeit. Und dann irgendwann kann Jeremia nicht mehr. Auf neudeutsch würden wir sagen: Er hat ein Burnout. Er ist völlig erschöpft angesichts von all dem Gegenwind. Er erträgt es nicht mehr: die Kritik an ihm, diese Erfahrung, dass er gegen den Wind redet und nichts sich ändert. Und er hadert mit Gott. Hättest du mich nicht in Ruhe lassen können? Lass mich doch einfach ein ruhiges, gemächliches Leben führen ohne all diese Herausforderungen, die persönlichen Angriffe, diese Häme, diesen Spott.

Aber hören wir den Propheten selbst, wie die Bibel seine Worte von der Last des Prophetenamtes im Predigttext für den heutigen dritten Sonntag der Passionszeit mit dem schönen Namen »Okuli«, den Augen, die sehen sollen, übermittelt:

> HERR, du hast mich überredet und ich habe mich überreden lassen. Du bist mir zu stark gewesen und hast gewonnen; aber ich bin darüber zum Spott geworden täglich, und jedermann verlacht mich. Denn sooft ich rede, muss ich schreien; »Frevel und Gewalt!« muss ich rufen. Denn des HERRN Wort ist mir zu Hohn und Spott geworden täglich. Da dachte ich: Ich will nicht mehr an ihn denken und nicht mehr in seinem Namen predigen. Aber es ward in meinem Herzen wie ein brennendes Feuer, in meinen Gebeinen verschlossen, dass ich's nicht ertragen konnte; ich wäre schier vergangen. Denn ich höre, wie viele heimlich reden: »Schrecken ist um und um!« »Verklagt ihn!« »Wir wollen ihn verklagen!« Alle meine Freunde und Gesellen lauern, ob ich nicht falle: »Vielleicht lässt er sich überlisten, dass wir ihm beikommen können und uns an ihm rächen.« Aber der HERR ist bei mir wie ein starker Held, darum werden meine Verfolger fallen und nicht gewinnen. (Jer 20, 7–11a)

Das ist schon starker Tobak: einerseits eine heftige Anklage gegen Gott. Das hebräische Verb, das im Vorwurf steckt, wird auch benutzt, um das Verführen eines jungen Mädchens zu beschreiben. Es ist fast schon blasphemisch, wie Jeremia Gott angreift: Du hast mich ausgenutzt, meine Naivität hast du dir zunutze gemacht, ich war so dumm, mich auf dich einzulassen. Darf ein Mensch denn so mit Gott reden? O ja, er darf! Das ist das wunderbare an unserer Religion, finde ich. Gott ist eben nicht fern, unantastbar, unnahbar, sondern wir sind mit Gott per Du. Wir sprechen mit ihm: Du, unser Vater. Du, unsere Mutter ...

Jeremia hat gelitten. Da haben Menschen heimlich hinter seinem Rücken geredet, ihn heimtückisch belauert. Geraune gab es. Fast könnten wir seufzen: Nichts Neues unter Gottes Himmel seit 2600 Jahren! Die Boulevardpresse ist überall. Haben Sie es schon gehört, um einmal die Gerüchteküche zwischen Berlin und Hannover abzufragen: Bettina Wulff, Philipp Rösler, Ursula von der Leyen ... – und alle Medien machen fröhlich mit, niemand schert aus, alle hängen sich dran, ja, wir doch auch, wir lassen das alle zu. Jeremia wusste nichts vom Zeitungsjournalismus des 21. Jahrhunderts, aber er wusste, was es heißt, wenn sich hinter deinem Rücken der Mob zusammenfindet, Gerüchte verbreitet werden, um deinen Ruf zu zerstören. Im biblischen Text sehen wir den ganz privaten Jeremia. Er hat gekämpft für den Glauben, ja für Gott. Da lässt er sich nicht beirren. Es war Gott, der ihn berufen hat, ihm Urteilsvermögen und Kraft gab. Schuld hat er angeprangert, gewarnt davor, die Gebote Gottes zu brechen. Gottes Gericht hat er prophezeit und falsche Propheten angeprangert. Aber jetzt kann und will er nicht mehr ...

Moderne Propheten

Natürlich kommt die Frage: Wer sind denn Propheten heute? Zunächst: Ich bin überzeugt, niemand kann sich selbst zum Propheten machen. Das zeigt Jeremia eindrücklich: Gott beruft zum Propheten. Und: Es ist kein erstrebenswertes oder gar lustiges Amt, Prophet oder Prophetin zu sein, denn es kann sehr einsam machen und Verletzungen mit sich bringen. Natürlich fallen mir schnell die Männer ein, die ständig als Propheten und Märtyrer unserer Kirche genannt werden: Dietrich Bonhoeffer etwa oder auch Jochen Klepper, Ernst Barlach, der in dieser Kirche heute so eindrucksvoll durch seine Skulpturen präsent ist –

sie erkannten früh, was das »Dritte Reich« war oder auch werden würde: eine menschenverachtende, zerstörerische Diktatur. Beim Nachdenken bin ich dann doch auf zwei Frauen gestoßen, die wir nicht so oft sehen oder hören, zwei Jüdinnen.

Die eine ist Hannah Arendt. Ein Film über sie von der Regisseurin Margarethe von Trotta läuft gerade in den Kinos, den sollten Sie sehen! Er zeigt eine Frau, die mit sich ringt, für sich eine Wahrheit findet und sie ausspricht – oder eher ausschreibt. Sie wird dafür aufs Heftigste angegriffen, nicht nur, weil sie in Eichmann, dem Nazi-Offizier, dem Verantwortlichen für Massenmord, die »Banalität des Bösen« erkennt, sondern vor allem, weil sie erklärt, die gute Organisation jüdischen Lebens in Deutschland habe den Vernichtungsfeldzug der Nazis gegen die Juden auch noch erleichtert. Eine Provokation, eine Verletzung, ein Tabubruch! Die Anfeindungen waren massiv, viele wandten sich ab. Wie diese Frau trotzdem zu ihren Überzeugungen stand, das spielt Barbara Sukowa grandios, finde ich.

Eine andere Prophetin ist Judith Butler. Die amerikanische Philosophin hat mit ihren Überlegungen zur feministischen Theorie viele provoziert, mit ihrer Frage, ob unsere Kategorien von »männlich« und »weiblich« nicht nur Konstruktionen sind, heftigen Widerspruch ausgelöst. Aber, sie hat notwendige Debatten angestoßen! Sie ist auch noch Mitglied einer jüdischen Reformgemeinde und unterstützt eine Einstaatenlösung für Israel-Palästina. Eine Frau, die immer wieder aneckt, aber eben auch notwendige Diskurse auslöst. In der Zeitschrift für Philosophie wurde sie Anfang des Jahres gefragt: »Aber verkennen nicht auch Sie die Realität? In Ihren Schriften fordern Sie eine ›gewaltfreie Ethik‹ – wie aber sollte so eine Ethik aussehen? Ist das nicht utopisch?« Judith Butler antwortet – und ich gestehe, das finde ich großartig: »Alle sagen, ich sei unrealistisch. Das gefällt mir. Wäre es etwa besser, wenn niemand mehr auf eine gewaltfreie Welt hoffen würde? Wenn niemand mehr die Idee von einer gewaltfreien Welt aufrecht erhielte? Mir scheint, dann wäre die Welt schlechter als jetzt. Sie wäre noch verarmter als jetzt. Also brauchen wir Leute in der Welt, die unmögliche Dinge sagen, oder? Um uns die Hoffnung zu erhalten, auch wenn sie nicht zu verwirklichen ist; um nicht zuzulassen, dass uns der eigene Horizont zusammenbricht und wir dann zu den Hoffnungslosen zählen. Dafür sind Philosophinnen und Philosophen da.«[80] Ich würde sagen: Dafür sind auch Christinnen und Christen da. Das zeigt: Prophetinnen und Propheten sind unbequem. Sie sagen Wahrheiten, die nicht gern gehört werden. Und sie können sehr einsam werden dabei, weil sie verletzt werden, sich zurückziehen und auch zurückgewiesen werden. Nein, kein erstrebenswertes Amt. Ein Amt aber der Passion – und das meint sowohl Leiden als auch Leidenschaft.

Welche Prophetie?

Nun haben wir einen biblischen Propheten und zwei Prophetinnen jüngerer Zeit. Aber was hat das mit uns zu tun – eine Frage, die in einer Predigt schon zu stellen ist. Was hat der biblische Text mit uns zu tun? Wenn ich mir den Propheten Jeremia anschaue, so ist er mit seiner Prophetie zwar 2600 Jahre entfernt von uns, aber die Themen bleiben ja, es sind für Jeremia drei: falsche Götzen, soziales Unrecht und der Glaube.

Zum ersten könnten wir ja fragen, wer ist unser Gott? Luther hat gesagt: Woran wir unser Herz hängen. Woran hängt das Herz einer Gesellschaft, die dem schnellen Gewinn nachjagt, Rendite von 23 Prozent anstrebt, »meine Frau, mein Haus, mein Auto« auf den Tisch legt, wenn nach dem Leben gefragt wird? Aber trauen wir uns, das zu sagen? Sind wir dann nicht sauertöpfische Spielverderber? Wird uns nicht ganz schnell unser eigener Lebenswandel vorgeworfen, denn wer freut sich nicht, abgesichert leben zu können, schön einzukaufen, in den Urlaub zu fahren? Gut, bei Pferdefleisch in der Tiefkühllasagne regen sich alle auf, aber wie es dem Rind oder Schwein geht, das in der Lasagne hätte landen sollen, wird nicht gefragt. Wer nachfragt, nervt nämlich, wenn es nicht gerade ums Pferd geht. Nein, wir müssen nicht gleich alle Propheten sein, wie gesagt, uns selbst gar zum Propheten ernennen. Aber nachfragen, wach bleiben, das könnten wir alle schon leisten.

Ich finde, Niedersachsen kann heute stolz sein auf die Menschen, die Gazale Salame und ihre Familie unterstützt haben. Es kann gefeiert werden, dass sie heute Morgen um 1:30 Uhr endlich mit ihren beiden Kindern zurückkommen konnte. Wie lang waren diese acht Jahre! Niemand weiß, ob ihre Ehe das übersteht, wie traumatisiert sie, ihr Mann und ihre vier Kinder von dieser Erfahrung sind. Aber ein kleiner Kreis von Menschen hat tapfer dieses Unrecht immer wieder benannt, nicht aufgegeben, auch wenn sie enttäuscht und erschöpft waren. Prophetinnen und Propheten mitten in unserem Alltag … Ein zentrales Thema des Propheten Jeremia ist der Verlust von Solidarität. Er beklagt, dass Täuschung, Betrug und Gewinnsucht die Herrschenden prägen. Da sage mir doch niemand, die Bibel sei nicht aktuell! Wagen wir es, nachzufragen. Wie geht es denn den Flüchtlingen in unserem Land? Auch nach der Ära Schünemann in Niedersachsen ist zu fragen, warum sie ohne Möglichkeiten zum Erlernen der Sprache abgesperrt werden weit weg von den Zentren, abgespeist mit maximal Hartz IV, wenn sie Glück haben. Statt die kreative Energie von Menschen mit Mut zum Aufbruch zu nutzen, lassen wir sie abstumpfen in jahrelangen Prozessen um ihre Aufenthaltsgenehmigung oder Abschiebung. Wer wagt es, laut zu fragen?

Schließlich ist Gott das Thema Jeremias. Wie halten wir es mit Gott? Da geht es auch aktuell um die berühmte Frage von Gretchen an Faust: »Wie hältst du's mit der Religion?« Ja, es ist nicht leicht, in dieser Talkshowrepublik von Gott zu reden. Gewiss wollen wir diese oft so künstlichen Auseinandersetzungen nicht auch noch befeuern. Aber Profil ist doch gefragt, auch öffentlich. Könnten wir Evangelischen nicht mal klar sagen: Gott liebt die Menschen? Nach evangelischer Überzeugung muss keine Frau ein Kind austragen, das Resultat einer Vergewaltigung ist? Verhütung ist eine Frage der verantwortlichen Sexualität! Oder: Frauen im Pfarr- und Bischöfinnenamt sind nicht weichliche Anpassung an den Zeitgeist, sondern Grundüberzeugung, es geht um Tauftheologie. Vom Glauben reden mitten im Alltag der Welt, darum geht es ....

Doch Vorsicht: Nicht nur einsam und verletzt kann Prophetie uns zurücklassen. Die Worte können auch zu schnell, unüberlegt oder gar hitzig sein und nicht zurückzunehmen. Hilde Domin beschreibt das in ihrem Gedicht »Unaufhaltsam« beeindruckend:

> Das eigene Wort,
> wer holt es zurück,
> das lebendige, eben noch ungesprochene Wort? ...
> Ein Vogel käme dir wieder.
> Nicht dein Wort,
> das eben noch ungesagte,
> in deinen Mund. ...
> Besser ein Messer als ein Wort.
> Ein Messer kann stumpf sein.
> Ein Messer trifft oft
> am Herzen vorbei.
> Nicht das Wort.
> Am Ende ist das Wort,
> immer
> am Ende
> das Wort.

aus: Domin, Sämtliche Gedichte, © S. Fischer Verlag GmbH, Frankfurt a. M. 2009

Vorsicht also mit dem Wort. Behutsam, bedacht ist es zu wählen. Bei Jeremia, für die großen Protagonisten und für uns im Alltag. Ja, offen und frei reden sollen wir. Da bleibt Luther das große Vorbild der Protestanten. Wie er in Worms steht in dieser Haltung »Ich stehe hier, ich kann nicht anders, Gott helfe mir. Amen«. Nicht wörtlich so gesagt, ich weiß, aber so kolportiert als großartige Legende! Welche prophetische Standfestigkeit aus Glaubensüberzeugung!

Am Ende wird Jeremia übrigens Recht behalten – und vielleicht ist das das Schlimmste, was einem Propheten passieren kann. Die Babylonier werden 586 vor Christus Jerusalem erobern, der Tempel wird zerstört, die Oberschicht wird ins Exil geführt. Und Jeremia wird trösten: Nehmt das Exil an. Baut, pflanzt, gründet Familien. Auch in der Katastrophe gibt es einen Neuanfang. Eine Rückkehr ist möglich, doch nicht so bald ... So wie er selbst mit Gott gehadert hat und dann doch im Gottvertrauen weiter geredet, gehandelt, gelebt hat, so sagt er auch den Verbannten: Seid getrost, es gibt Neuanfang.

Das ist das Wunderbare, das Tröstende an unserem Glauben. Auch wo wir auf Propheten nicht hören, wo unsere eigene Prophezeiung vielleicht gar wahr wird, wo wir in die Irre gehen und Gott aus dem Blick verlieren, die Solidarität an den Nagel hängen: Es gibt Vergebung, Versöhnung, Neuanfang. Mitten in den Tiefpunkten unseres Lebens dürfen wir diese Töne hören. Manchmal nur sehr leise und zart. Wir können mit Gott hadern und ringen. Nicht verstehen, warum die Welt ist, wie sie ist, warum sich nichts ändert, unser Leben aus der Spur kommt, wir mit Leid und Verlust leben müssen. Aber das bleibt niemals die Grundmelodie. Der Grundton des Lebens als Christin und Christ bleibt die Hoffnung. Er ist auferstanden. Dir ist vergeben. Du bist geliebt. Dein Leben gibt Sinn mitten in allen Irrwegen und allem Scheitern. Das können wir auch heute erfahren, wenn wir Brot und Wein teilen – zu seinem Gedächtnis.

Predigt in der Marktkirche Hannover am 3. März 2013
(Jeremia 20,7–11a)

Paradox des christlichen Glaubens

Und wie Mose in der Wüste die Schlange erhöht hat, so muss der Menschensohn erhöht werden, damit alle, die an ihn glauben, das ewige Leben haben. Denn also hat Gott die Welt geliebt, dass er seinen eingeborenen Sohn gab, damit alle, die an ihn glauben, nicht verloren werden, sondern das ewige Leben haben. Denn Gott hat seinen Sohn nicht in die Welt gesandt, dass er die Welt richte, sondern dass die Welt durch ihn gerettet werde. Wer an ihn glaubt, der wird nicht gerichtet; wer aber nicht glaubt, der ist schon gerichtet, denn er glaubt nicht an den Namen des eingeborenen Sohnes Gottes. Das ist aber das Gericht, dass das Licht in die Welt gekommen ist, und die Menschen liebten die Finsternis mehr als das Licht, denn ihre Werke waren böse. Wer Böses tut, der hasst das Licht und kommt nicht zu dem Licht, damit seine Werke nicht aufgedeckt werden. Wer aber die Wahrheit tut, der kommt zu dem Licht, damit offenbar wird, dass seine Werke in Gott getan sind. (Johannes 3,14 ff.)

Das »Nikodemusnachtgespräch« ist nur beim Evangelisten Johannes zu finden. Wenn Sie beim Hören eben gedacht haben: Was gemeint ist, ist mir schwer verständlich, kann ich Sie beruhigen: Das fand sogar der große Theologe und Johannesexperte Rudolf Bultmann. Das ganze Gespräch atme, so Bultmann, »die Atmosphäre des Mysteriösen«[80]. Schauen wir uns die Situation zunächst näher an. Ein Mann namens Nikodemus, offenbar bekannt, von Jesus sogar als »Lehrer Israels« angesehen (3,10), kommt zu Jesus nach Anbruch der Nacht. In der Literatur und in vielen Predigten wird das als Ängstlichkeit interpretiert: Der Mann mit einer führenden Position im Hohen Rat wagt es nicht, sich öffentlich mit Jesus zu zeigen. Aber wovor sollte er Angst haben? Um seinen Ruf? Der Evangelist Johannes selbst sieht Nikodemus wohl als opportunistisch an. Er schreibt: *Doch auch von den Oberen glaubten viele an ihn; aber um der Pharisäer willen bekannten sie es nicht, um nicht aus der Synagoge ausgestoßen zu werden. Denn sie hatten lieber Ehre bei den Menschen als Ehre bei Gott.* (12,42 f.) Das bedeutet wohl: Da sympathisieren einige bedeutsame Leute durchaus mit Jesus und seiner Lehre, aber outen, wie wir das heute sagen, wollen sie sich nicht. Sie könnten ja ihre Anerkennung aufs Spiel setzen.

Nikodemus taucht mehrfach auf im Johannesevangelium. Er tritt für ein faires Verfahren gegen Jesus ein (7,50 f.) und er ist es, der gemeinsam mit Josef von Arimatäa später für eine würdige Bestattung Sorge tragen wird (19,39 ff.). Wäre es nicht auch möglich, dass Nikodemus schlicht Interesse an der Lehre Jesu hatte, nachdenklich war und offen das Gespräch suchte? Dass es abends stattfand, ist nicht außergewöhnlich, finde ich. Die Situation könnte doch schlicht sein: Zwei Männer kommen am Abend zusammen und führen ein intensives Gespräch über die Grundfragen des Lebens und des Glaubens. Das gibt es noch heute. Auch hier in Hannover, wie ich sehr wohl weiß, und sogar mit und auch unter Frauen! Abseits von aller Geschäftigkeit des Alltags gibt ein solcher Abend Raum für Dialoge, die tasten, fragen, nicht gleich alles unter Ergebnisdruck stellen. So verstehe ich dieses Gespräch: Ringen um Antworten im Glauben, die nicht leicht zu finden sind. Und es ist gut, wenn es solche Gespräche gibt! Allzu selten stellen wir uns diesen Glaubensfragen: Glaubst du an Auferstehung? Kann ich sagen, dass Jesus Christus für mich der Weg, die Wahrheit und das Leben ist? Was heißt Gottessohnschaft? Manchmal frage ich mich, ob wir offen genug sind für Menschen wie Nikodemus, die interessiert sind, aber sich nicht gleich als Christen verstehen. Und nehmen wir selbst uns die Zeit für solche Gespräche im Alltag, der immer wieder von den großen Fragen des Lebens und des Glaubens ablenkt? Ich denke, wir brauchen mehr Nikodemusnachtgespräche in unserer Zeit! Aber schauen wir uns den Dialogabschnitt näher an:

Die Schlange

Da ist zunächst der Verweis auf diese merkwürdige Schlangengeschichte. Kann denn Jesus Christus mit einer Schlange verglichen werden? Die hat bei uns doch meist negative Assoziationen – der Paradiesgarten mit Adam und Eva lässt grüßen! Bei Jesus denken wir eher an das Lamm Gottes. Nach einer Erzählung des vierten Buch Mose wurde Gott zornig über die Ungeduld und all das Murren des Volkes Israel auf seinem Weg aus der Sklaverei Ägyptens durch die Wüste in das gelobte Land. Als Strafe schickte Gott Schlangen. Im vierten Buch Mose heißt es: *Da sandte der HERR feurige Schlangen unter das Volk; die bissen das Volk, dass viele aus Israel starben. … Und Mose bat für das Volk. Da sprach der Herr zu Mose: Mache dir eine eherne Schlange und richte sie an einer Stange hoch auf. Wer gebissen ist und sieht sie an, der soll leben. Da machte Mose eine eherne Schlange und richtete sie hoch auf. Und wenn jemanden eine Schlange biss, so sah er die eherne Schlange an und blieb leben.* Schwer zu verstehen! Einerseits will Gott offenbar strafen und zwar ziemlich drastisch. Andererseits aber lässt sich Gott von Mose erweichen und eröffnet einen Weg zur Rettung. Wobei wichtig ist: Nicht die Schlange rettet die Menschen, auch nicht Mose, sondern das Gottvertrauen, das die zeigen, die auf die Schlange schauen. Und da liegt der Zusammenhang: So wie Menschen Heil erlebten, wenn sie auf die Schlange schauten, so erleben sie Heil, wenn sie ihren Blick auf Jesus, den Gekreuzigten, richten. Gott lenkt den Blick von Menschen in eine andere Richtung. Weg von dem, was vermeintlich so wichtig ist, hin zu dem, was lebensrettend werden kann. Schon hier ganz zu Beginn des Johannesevangeliums wird auf das Kreuz verwiesen.

Es geht dabei nicht nur um kurzfristige Hilfe, sondern eben um den Blick weit über unsere Horizonte hinaus. Die Heilung, die Israeliten durch den Blick auf die Schlange fanden, steht bildhaft für das Heil, das Jesus durch seinen Tod am Kreuz, also ebenso »erhöht«, vermittelt. So schwer es zu begreifen ist: Wer auf den Gekreuzigten blickt wie die Israeliten auf die Schlange, kann Heil erfahren. Weil uns so deutlich wird: Mitten im Leid ist Gott ja gerade nicht fern, sondern bei uns.

In meinem Studium habe ich einst gelernt, dass eine Predigt drei Aufgaben erfüllen solle: *docere* – lehren, *movere* – bewegen und *delectare* – erfreuen. Gelernt haben wir also schon etwas: Kreuz und Schlange können zusammengehören. Ab und an werden Sie beide zusammen entdecken auf Bildern in Museen oder Skulpturen in Kirchen ... Aber was bewegt an diesem Text? Es ist wohl die klare Rede vom Bösen.

Das Böse

Uns alle bewegt in diesen Tagen das Böse. Manchmal wird ja gelacht darüber, dass Martin Luther angeblich ein Tintenfass nach dem Teufel geworfen hat. Vielleicht haben wir manchmal gedacht, das sei überwunden, die Welt sollte im 21. Jahrhundert doch wohl auf dem Weg zum Guten sein. Vor 25 Jahren wurde die Mauer durch eine friedliche Revolution zu Fall gebracht. Da war die Hoffnung groß, dass Friedenszeiten anbrechen, die Raum geben, damit alle Menschen Lebensperspektiven haben. Heute ist das Böse offenbar wieder allgegenwärtig und sehr dominant. Wer an die Überwindung des Bösen glaubt, gilt als naiv. Und in der Tat, allein die Bilder von sogenannten »IS«-Kämpfern, die irrsinnig Menschen ermorden und Kulturdenkmäler zerstören, zeigen die Fratze des Bösen. Da hast du das Gefühl, dem Teufel direkt ins Gesicht zu schauen, und möchtest mehr als ein Tintenfass werfen.

Doch wie kommt das Böse in die Welt? Da ist Mohammed Emwazi, ein junger Mann, der in England aufwächst, in einem der besseren Vierteln Londons. Inzwischen wird er Jihadi John genannt und tut sich hervor, indem er anderen jungen Männern vor laufender Kamera den Kopf im wahrsten Sinne des Wortes abschneidet. Wie kann das sein, woher kommt sein Hass? Das ist entsetzlich, brutal, kaum zu ertragen. Und ja, das ist ihr Ziel: andere in Angst und Schrecken zu versetzen. Und da sind sie sehr erfolgreich. Die selbst ernannten Gotteskrieger stellen die Bilder ins Internet, um zu schockieren. Sie stehen für das Böse. Angst und Schrecken verbreiten – genau das wollen sie!

Aber tun wir nicht ein bisschen allzu sehr erstaunt, wenn wir erschüttert fragen: Wie kann das nur sein? Gerade erst kam eine Studie der Bertelsmann-Stiftung heraus, die zeigt: 81 Prozent der Deutschen möchten die Geschichte der Judenverfolgung »hinter sich lassen«. Wohl gemerkt nur 70 Jahre nach der Befreiung von Auschwitz. Auch in Auschwitz aber war das Böse greifbar. Da wurden Menschen brutal gefoltert, vergast, sie verhungerten vor dem Angesicht von Deutschen, die sich zu den Gebildeten, zur Kulturnation von Schiller und Goethe zählten. Wir dürfen nicht vergessen, wie verführbar der Mensch zum Bösen ist. Und wie lange es dauert, daraus zu lernen und Wege zum Guten, zur Versöhnung, zum Achten des Gebotes der Nächstenliebe sind. Und deshalb brauchen wir offene Gespräche: Haben wir gelernt? Sind wir frei genug, uns einzulassen auf Nikodemusnachtgespräche mit Menschen anderen Glaubens oder auch ohne Glauben um der existenziellen Fragen willen? Stehen wir auf gegen Menschenverachtung und für die Würde der Flüchtlinge? Oder halten wir es wie die Amerikaner: Am *dinner table* weder Politik noch Religion? Mir gefällt das Nikodemusnachtgespräch so ausgesprochen gut, weil ich denke, dass wir um Glauben und Handeln immer neu ringen müssen. Es gibt beides eben nicht ein für alle Mal und unhinterfragbar. Den Reformatoren vor 500 Jahren lag ja gerade an gebildetem Glauben, also einem, der Fragen zulässt, sich nicht einem Dogma oder einer Autorität unterordnet, sondern selbst denkt und fragt und disputiert, ringt um den richtigen Weg und manchmal hilft, die eigene Hilflosigkeit auszuhalten.

Wie aber ist das Böse zu bekämpfen, wie treten wir an gegen Menschen, die mit derartiger Brutalität vorgehen? Da scheint doch die einzige Möglichkeit: Auge um Auge. Bomben auf die Bombenleger. Aber werden wir so wirklich Ecksteine einer neuen Friedensordnung legen? Immer wieder wird klar, dass die *hearts and minds*, die Herzen und Überzeugungen der Menschen, berührt, ja gewonnen werden müssen, wenn sich etwas ändern soll. Wie kann das aussehen? Wir scheinen ziemlich hilflos zur Zeit. Wenn es denn wie geschätzt mehr als 50 000 IS-Kämpfer gibt, wird Frieden auch nicht entstehen, wenn sie alle erschossen werden. Wie wird Friede – das ist die große Frage und nicht erst seit heute! Ich habe keine bessere Antwort als andere. Aber mir imponiert die biblische Wegweisung, wenn der Apostel Paulus schreibt: *Überwindet das Böse durch das Gute.* Wie kann das gehen? Darüber und über die Frage, wie wir mit diesem Gefühl der Ohnmacht umgehen, möchte ich gern viele Nikodemus-nachtgespräche führen. Und kann uns nun auch etwas erfreuen an dem Text? Ich denke, ja, es ist der Gedanke, dass Christus gekommen ist, zu retten, statt zu richten.

Retten statt Richten

Gott hat die Welt geliebt – deshalb wendet Gott sich der Welt zu in Jesus von Nazareth. Der soll nicht richten, sondern retten. *Wer an ihn glaubt, der wird nicht gerichtet.* Heute ist die Rede von Sünde und Gericht wieder sehr beliebt. Als ich vor zwei Jahren gebeten war, dem SPIEGEL ein Interview zu geben, begann der Dialog wie folgt:

»SPIEGEL: Die Sündhaftigkeit des Menschen ist eines der zentralen Themen der Bibel. Warum kommt das Wort Sünde in der evangelischen Predigt kaum noch vor?

Käßmann: Wäre es Ihnen so wichtig, dass Ihnen Ihre Sünden vorgehalten werden?

SPIEGEL: Gehört das nicht zu Ihren Aufgaben?

Käßmann: Na gut, wenn ich an das achte Gebot denke – ›Du sollst nicht falsch Zeugnis reden wider deinen Nächsten‹ –, fällt mir bei Journalisten einiges ein. Wir könnten zum Beispiel darüber reden, was es für sie bedeutet, dass es in Luthers kleinem Katechismus dazu heißt: ›Ihr sollt Euren Nächsten nicht belügen, verraten, verleumden oder seinen Ruf verderben, sondern Gutes von ihm reden und alles zum Besten kehren.‹ Sünde bedeutet für mich Gottesferne. Nicht umsonst kommt der deutsche Wortstamm von ›sund‹, das heißt Trennung. Es ist also Sünde, wenn ich glaube, Gott nicht länger zu brauchen, und stattdessen der Meinung bin, ich verdanke alles mir selbst – meinen Erfolg, mein Leben, alles, was ich bin.«

Was, frage ich mich, bringt zwei Journalisten dazu, sich so nach der Verkündigung von Sünde und einer Form von Gericht zu sehnen? Es war Martin Luthers befreiende Erkenntnis, dass der Mensch eben nicht in Angst vor dem Gericht Gottes leben muss. Es geht nicht darum, akribisch zu erforschen, welche Sünde du begangen hast. Und die musst du dann beichten. Und wehe, du vergisst eine. Danach musst du entweder zahlen, um nicht im Fegefeuer zu schmachten, oder all das tun, was die Kirche dir auferlegt, dann hast du eine Chance, nicht in die Hölle zu kommen. Genau das waren die Ängste des Mittelalters. Aber denken Sie selbst mal nach: Auf welche Sünde würden Sie kommen? Welches schuldhafte Verhalten oder Denken wäre da zu entdecken? Jeder und jede von uns würden etwas finden! Jesus spricht davon, dass diejenigen, die an ihn glauben, ewiges Leben haben werden. Im Hebräischen bedeutet das soviel wie

»Teilhaben an der kommenden Welt«. Rettung heißt also, dass mein Leben schon jetzt, schon vor dem Tod Teilhabe an Gottes Welt ist, wenn ich glaube. Das Böse oder auch das verfehlte Leben richtet sich selbst. Wer aber Gott vertraut, wird nicht gerichtet, sondern ist gehalten. Gott will Heil für die ganze Welt, das zeigt sich in Jesus, weil paradoxerweise in seinem Sterben die Liebe Gottes erkennbar wird. Sie ist so groß, dass sie sogar das Leid mit uns teilt. Ich weiß, die Rede von der Liebe Gottes klingt manchmal so abgedroschen. Aber dass diese Liebe sich gegen alle Ohnmacht als dem Bösen und dem Tod gegenüber als überlegen zeigt, dieses Paradox des christlichen Glaubens bleibt eine Provokation, auch und gerade heute.

Und die Mörder? Und diejenigen, die Gottes Lebenszusage ausschlagen? Ich weiß es nicht. Wir können versuchen, in dieser Welt Recht zu sprechen und die Mörder zur Rechenschaft zu ziehen. Ich bin zutiefst überzeugt, dass sie im Innersten wissen, wie sehr sie ihr Leben verfehlen. Wer so gewalttätig ist gegen Menschen und Sachen, ist gewalttätig gegen sich selbst. Aber wie Gott sie richten wird, müssen wir Gott überlassen. Da ist er wieder, der *deus absconditus*, der verborgene Gott, von dem Luther spricht.

Zuletzt

Gott will retten, nicht richten, das ist für mich der zentrale Satz. Selbst im Zorn macht Gott den Weg frei zum Heil, wenn wir vertrauen. Wagen wir also Gottvertrauen. Treten wir an gegen das Böse – mit der Verteidigung des Guten. Und reden wir ruhig mal über den Glauben, im Nachtgespräch oder heute am Mittagstisch.

Predigt in der Marktkirche Hannover
am 1. März 2015 (Johannes 3,14 ff.)

Vom Druck getrieben, perfekt zu sein

Wie soll das weitergehen? Die Bilder vom Grauen in Syrien, Zehntausende von Flüchtenden, Ertrinkende im Mittelmeer, große Unruhe in unserem Land angesichts der Frage, wie Menschen, die hier Zuflucht suchen, unser Land verändern werden. Aber das ist ja nur ein kleiner Ausschnitt von Leid und Elend in unserer Welt. Mordend zieht die Terrortruppe, die sich »Islamischer Staat« nennt, durch die Lande im Mittleren Osten. Saudi-Arabien unterdrückt brutal die Menschenrechte. In Zentralafrika herrscht Gewalt, in Äthiopien verhungern Menschen. In Mexiko morden Drogenkartelle und so weiter … Da fragen sich manche: Hat Gott uns verlassen? Gibt es denn keinen Weg nach vorn? Sind denn Frieden und Gerechtigkeit nur noch Illusionen von ein paar Träumenden? Die Frage ist nicht neu. Ich will zwei Beispiele geben, ein biblisches und ein historisches, um dann wieder auf unsere Situation zu schauen. Der Predigttext steht beim Propheten Jesaja (54,7–10):

> Ich habe dich einen kleinen Augenblick verlassen, aber mit großer Barmherzigkeit will ich dich sammeln. Ich habe mein Angesicht im Augenblick des Zorns ein wenig vor dir verborgen, aber mit ewiger Gnade will ich mich deiner erbarmen, spricht der HERR, dein Erlöser. Ich halte es wie zur Zeit Noahs, als ich schwor, dass die Wasser Noahs nicht mehr über die Erde gehen sollten. So habe ich geschworen, dass ich nicht mehr über dich zürnen und dich nicht mehr schelten will. Denn es sollen wohl Berge weichen und Hügel hinfallen, aber meine Gnade soll nicht von dir weichen, und der Bund meines Friedens soll nicht hinfallen, spricht der HERR, dein Erbarmer.

Das Volk Israel fühlt sich von Gott verlassen. Der Krieg ist verloren, die Oberschicht ins babylonische Exil deportiert worden. Es gibt keine Aussicht auf Besserung, meinen viele. Bei Jesaja erinnert Gott sein Volk daran, dass in der biblischen Geschichte des Noah Gott doch erklärt habe, dass er nicht mehr zürnen und vernichten wolle. Im Zorn, so erzählt es die biblische Geschichte, hat Gott in den Wassern die Menschheit samt aller Kreatur ertränkt. Nur Noah und seine Familie wurden verschont. Am Ende der Erzählung schließt Gott einen Bund mit Noah und erklärt: *Siehe, ich richte mit euch einen Bund auf und mit euren Nachkommen und mit allem lebendigen Getier bei euch … dass hinfort keine Sintflut mehr kommen soll, die die Erde verderbe.* (1. Mose 9, 9–11) Daran erinnert der Prophet Jesaja das Volk Israel. Er sagt: Ihr habt nur den Eindruck, dass Gott euch nicht sieht, dass Gott verborgen ist. Aber das Leid kommt nicht von Gott, Gott will euch nicht böse mitspielen, sondern hat Gnade im Sinn für euch.

Denken wir 71 Jahre zurück. Europa lag in Trümmern. Deutschland hatte einen entsetzlichen Vernichtungskrieg begonnen. Millionen Menschen wurden getötet, deportiert, auch Millionen Deutsche waren auf der Flucht. Wenn ich die Bilder der Gräuel des sogenannten »IS« heute sehe, denke ich: So lange ist das gar nicht her. Entsetzliche Gräueltaten hat auch die deutsche Armee begangen auf ihrem Vormarsch durch Polen und in der Sowjetunion. Gegenüber Jüdinnen und Juden hat das deutsche Volk unvorstellbare Schuld auf sich geladen. Systematisch wurden Bürgerinnen und Bürger jüdischen Glaubens in Vernichtungslager deportiert und vergast. Und dann kam das Entsetzen zurück ins eigene Land. In den Trümmern der deutschen Städte war kaum ein Funken Hoffnung mehr. Wie sollte denn die Zukunft dieses Landes aussehen? Wie sollte Versöhnung wachsen angesichts einer so unvorstellbaren Schuld?

Und dann kam das Wunder: Deutschland wurde wieder aufgebaut. Die Teilung Deutschlands wurde überwunden. Eine Nation entstand, die neu respektiert wurde in der Staatengemeinschaft. Das wohl größere Wunder war, dass vor gut 50 Jahren Beziehungen zwischen Israel und Deutschland aufgenommen wurden und Jüdinnen und Juden sich wieder in Deutschland ansiedelten, Synagogen bauten, Teil des öffentlichen Lebens wurden. Ja, ein Wunder, dass so etwas möglich ist. Wo wir von Wunder sprechen, meinen viele Menschen ja oft ihre eigenen Leistungen: Wir haben wieder aufgebaut, wir haben wieder europäische Politik gemacht, wir haben den Dialog begonnen. Menschen des Glaubens können in solchen Wundern Gottes Wirken sehen. Da tauchen dann wie bei Jesaja Begriffe wie »Barmherzigkeit« und »Gnade« auf. In seiner Situation will Jesaja den Menschen Hoffnung machen: Das Leben wird weitergehen, Gott hat sich nicht abgewendet. Das galt auch für Deutschland und das Verhältnis von Christen und Juden nach der Shoah: Es gibt Neuanfänge. Ja, das ist Gnade Gottes, dass wir nicht für immer auf unsere Verfehlungen festgenagelt werden. Das gilt für Einzelne und auch für Völker.

Für Martin Luther war das von zentraler Bedeutung: Gott will nicht strafen, gar töten oder vernichten, sondern *sola gratia*, allein aus Gnade rechtfertigt Gott das Leben der Menschen. Viele sagen, das versteht heute niemand mehr. Das stimmt nicht. Denken wir an eine Frau, die keinen Sinn mehr sieht im Leben, weil sie keine Kinder bekommen kann. Sie fällt geradezu in eine Depression, hat den Eindruck, nichts rechtfertigt überhaupt, dass sie lebt. Wenn sie erfahren darf, dass ihr Leben so Sinn hat, wie es ist, dann kann das zutiefst befreiend, erleichternd wirken. Luther erkennt: Gott wirkt bei den Menschen durch Gnade. Das ist erstaunlich in einer Welt, die auf Leistung getrimmt ist. Die vergangenen beiden Wochen war ich in Asien unterwegs und habe für das Reformationsjubiläum geworben. Für mich war bewegend, dass gerade in den chinesisch geprägten Ländern die Rechtfertigungslehre Erstaunen hervorruft. Eine Professorin erzählte, dass sie eine Getriebene war von dem Druck, perfekt zu sein. Diese theologische Erkenntnis, dass ich auch mit

Fehlern und im Scheitern noch ein Mensch mit Würde bin, weil Gott mir Würde zuspricht, war für sie eine tiefe Befreiung. Und heute? Ich denke, wir starren zu oft auf die Probleme und werden dann von einer Gedanken- und Handlungsstarre erfasst. Wann haben Politikerinnen und Politiker beispielsweise Zeit, einmal in Ruhe über Perspektiven nachzudenken und langfristige, konstruktive und haltbare Lösungen zu suchen? Aber auch die sogenannten besorgten Bürgerinnen und Bürger starren auf ihren Wohlstand, auf das, was sie haben. Aber sie überlegen nicht, wie sie denn leben wollen in Verantwortung in einer globalisierten Welt. Sinnbild ist für mich ein Mann, der in eine Kamera brüllt: »Die kommen doch alle daher, wo wir sonst Urlaub machen!« Ja, würde ich ihm gern sagen, denk mal nach, ob da nicht ein Problem liegen könnte. Die Habenichtse und die Habenden unterscheiden sich nicht darin, dass die einen viel leisten und die anderen wenig, sondern dass in einer Welt des Unrechts die einen das Glück hatten, in eine Wohlstands- und Friedensgesellschaft geboren zu werden, und die anderen in eine Gesellschaft von Armut und Krieg.

Nach dem Zweiten Weltkrieg hat die Evangelische Kirche in Deutschland im Stuttgarter Schuldbekenntnis ihr Versagen benannt. Ob wir eines Tages unsere Schuld bekennen müssen angesichts von Tausenden von Kindern, Frauen und Männern, die im Mittelmeer ertrinken? Angesichts von Menschen, die vor verschlossenen Grenzen stehen? Angesichts von mehr als 1000 Übergriffen auf Flüchtlingsheime im vergangenen Jahr? Wie viel Scham über Versagen und furchtbare Worte wird da mitschwingen. Nicht Gott wendet sich ab, wir versagen, wenn wir uns gegenüber dem Leid anderer verschließen. Im Nachlass meiner Mutter fand ich einen Brief, den eine Freundin an meine Großmutter am 19. Oktober 1947 schrieb: »Fritz und Gerhart (mein Großvater) sind auf dem ganzen Transport zusammen gewesen, nur in Graudenz sind sie gleich getrennt worden. Er hat ihn dann erst wieder gesehen, als er gestorben ist am 28. April. Aber auf dem Transport ist Gerhart immer getrost und ganz vergnügt gewesen, er wollte, wenn erst wieder Zuhause, ein Buch über alles schreiben. Fritz meint, Gerhart sei an Ruhr gestorben, sie haben alle darunter gelitten. Von 8000 sind 6000 verstorben ... Ach Mariechen, ob wir alle noch einmal zurück können? Wir machen das erste Heimweh erst so richtig durch. Aber einmal muss doch alles wieder einen Anfang haben. Wie wunderbar wäre es, einmal wieder in einer eigenen Küche kochen zu können ...« Mein Großvater ist getrost geblieben und meine Großmutter sang später in der kleinen Küche, die sie endlich wieder hatte: »Du meine Seele singe!« oder »Wer nur den lieben Gott lässt walten«. Das ist mir Vorbild. Denn eine solche Grundzuversicht trägt in guten und in schweren Tagen, im Leben und im Sterben, das haben meine Großeltern vorgelebt und davon bin ich zutiefst überzeugt. Dann vertraust du darauf, dass Gott dich nur einen »kleinen Augenblick verlassen« hat und »ein wenig verborgen«, wie Jesaja das beschreibt – das ist doch tröstlich. Die Bedrängnisse einer Zeit sind nicht auf Dauer. Sie sind auf Zeit. Aber wir sollten Haltung, ja Glaubenshaltung zeigen in solchen Zeiten.

Das ist ein großer Trost auch für viele Flüchtlinge heute. Als wir vor drei Wochen mit Frauen aus Somalia gekocht haben, sagte eine von ihnen: »So in einer eigenen Küche kochen können, das wäre schön!« Ich habe versucht, sie mit der Geschichte meiner Großmutter zu trösten. Es ist ja nicht einfach die Verborgenheit Gottes, die sich im Elend einer Zeit zeigt. Es ist auch die Hartherzigkeit von Menschen und ihre Unfähigkeit, Frieden zu schaffen. Sehr schön zeigt das ein Youtubevideo von Ruthe.de, einem Kartoon. Dort bekommt Gott Gelegenheit zur Gegendarstellung und erklärt: »Alles wird auf mich geschoben, aber ich habe damit nichts zu tun. Ich habe im letzten Jahr gar nicht auf die Erde geachtet, es gibt schließlich Zillionen anderer Planeten. Kaum schau ich mal wieder auf der Erde vorbei, heißt es, ich sei schuld an dem Leid. Nein, Leute!«

In der Noahgeschichte, auf die Jesaja verweist, ist es Gott, der erklärt, er werde die Erde nie wieder zerstören, das ist Gottes Bund des Friedens! Ein Bund meint aber immer zwei Seiten. Auch die Menschen müssen ihren Anteil am Bund des Friedens leisten. Das war so zu Jesajas Zeiten, als die Führung Israels meinte, einen Krieg gewinnen zu können. Das war so zur Zeit der Nationalsozialisten, als sich unser Volk zu Größenwahn und Morden hat verführen lassen. Und das ist heute so, wenn Menschen geifern gegen Flüchtlinge, während sie die Bilder von Flucht und Krieg vom Fernsehsessel aus anschauen. Das ist auch so, wenn der Wille zum Frieden schwach ist, der Wille zu Macht und das Verdienen an Waffenexporten aber groß. Da sind Krieg und Leid nicht Zeichen der Abwesenheit Gottes. Sondern Gott muss verzweifeln daran, dass wir unseren Anteil am Bund des Friedens nicht einhalten. Wir können das Leid nicht auf andere abwälzen. Wir alle sind gefordert in kleinen Schritten und in großen den Bund des Friedens aufrechtzuerhalten. Das kann bedeuten, gegen Rassisten und Hetzer die Stimme zu erheben. Oder Geflüchtete zum Essen einzuladen, ihnen zu helfen, Deutsch zu lernen, sie in der Gemeinde aufzunehmen. Das kann bedeuten, über Grenzen zu gehen, um für Frieden zu sorgen.

Getrost dürfen wir sein. Dann es gibt die Erfahrung, dass Böses, Krieg und Leid überwunden werden können und Barmherzigkeit, Frieden und Gnade das letzte Wort haben. Darauf dürfen wir vertrauen. Und ich freue mich, wie viele Menschen in unseren Gemeinden diese Barmherzigkeit in die Tat umsetzen. Das sind Hoffnungszeichen. Das Festhalten an Gottvertrauen in schwerer Zeit vermittelt eindrücklich ein Lied, das der jüdische Theologe Shalom Ben Chorin gedichtet hat. Von den Nazis bedrängt, verließ Fritz Rosenthal 1935 mit 22 Jahren Deutschland und ging nach Jerusalem. Er änderte seinen Namen in Schalom Ben-Chorin: Friede, Sohn der Freiheit. 1942, während die Shoah tobt, dichtet er:

Freunde, dass der Mandelzweig wieder blüht und treibt,
ist das nicht in Fingerzeig, dass die Liebe bleibt?
Dass das Leben nicht verging, so viel Blut auch schreit,
achtet dieses nicht gering in der trübsten Zeit.
Tausende zerstampft der Krieg, eine Welt vergeht.
Doch des Lebens Blütensieg leicht im Winde weht.
Freunde, dass der Mandelzweig sich in Blüten wiegt,
das bleibt mir ein Fingerzeig für des Lebens Sieg.

Beim Propheten Jeremia steht der Mandelbaum als Zeichen dafür, dass Gott über seine Schöpfung wacht. Angesichts des Mas-
senmordes an den europäischen Juden erscheint das Lied naiv,
weltfremd, als ob es das Leid ignoriere. Aber das tut es eben
nicht. Es zeigt die trotzige Hoffnung, dass Gott nicht abwesend
ist, sein Volk nicht verlassen hat.

Der Predigttext bei Jesaja ist tröstlich. Gott hat sich nicht abgewendet. Und wir können zeigen, dass die Liebe bleibt auch
in der trübsten Zeit, wann immer wir die abwertenden Reden
über Menschen auf der Flucht zurückweisen, wann immer wir
Türen öffnen für Menschen in Not, wann immer wir im Gebet
an diejenigen denken, die großes Leid erdulden müssen. Gott
ist da, bei den Menschen in ihrer Not, das hat uns Jesus gelehrt.
Und wo wir uns ihnen zuwenden, sie aufnehmen, da nehmen
wir Christus selbst auf. Da wird der Bund des Friedens erkennbar für die Menschen und erkennbar als Zeugnis für die Welt.
So wünsche ich uns Gottvertrauen, Haltung und Tatkraft, wo
immer wir angesichts der Herausforderung zu verzagen drohen,
wo immer ein Eintreten für die Schwachen gefordert ist. Gott ist
vielleicht nicht unmittelbar zu erkennen und zu spüren, aber hat
uns doch höchstens einen kleinen Augenblick verlassen und ist
allenfalls ein wenig verborgen. Barmherzigkeit und Gnade sind
es, mit denen Gott uns zum Leben ermutigt.

Predigt in der Marktkirche Hannover am 6. März 2016 (Jesaja 54,7–10)

Anmerkungen

1 Der Neutestamentler Klaus Wengst schreibt: »Er setzt offenbar bewusst am Anfang seiner jüdischen Bibel an, beim schöpferischen Wort Gottes, das er deshalb mit Jesus identifizieren kann, weil in ihm wiederum ein schöpferisches Handeln Gottes geschieht.« Klaus Wengst, Das Johannesevangelium, THKNT Stuttgart 2000, S. 39.

2 Wengst, aaO., S. 46.

3 Frank Hofmann, Marathon zu Gott, Gütersloh 2011.

4 Ebd., S. 9.

5 Michael Welker, Gottes Offenbarung, Neukirchen 2012, S. 135.

6 Ebd., S. 69.

7 Vgl. ebd., S. 164.

8 Vgl. FAZ, 29.5.05

9 Jutta Beiner, Singen macht gesund – auch wenn es schief klingt, WELT, 17.5.12.

10 Das Kölner Landgericht entschied am 7. Mai 2012 in zweiter Instanz: Ein Arzt, der einen vierjährigen muslimischen Jungen beschnitten hatte, hatte sich der Körperverletzung schuldig gemacht. Religionsfreiheit wiege weniger als das Selbstbestimmungsrecht des Kindes.

11 Alle Zitate aus dem Luthertext nach WA 19.

12 Am 25. Mai 2014 wurde das Europaparlament zum achten Mal direkt gewählt.

13 Ermahnung zum Frieden, in: Luther Deutsch, hg. v. Kurt Aland, Göttingen 1983, S. 162 ff., S. 164.

14 Ebd., S. 166.

15 (Auch) Wider die räuberischen und mörderischen Rotten der (andern) Bauern, in: Luther Deutsch, hg. v. Kurt Aland, Göttingen 1983, S. 191 ff.

16 Manfred Gailus, »Ein Feld weiß und reif zu einem Geistesernte liegt vor uns!«. Deutsche Protestanten im Ersten Weltkrieg. In: Johannes Lepsius – eine deutsche Ausnahme, Göttingen 2013, S. 95 ff.; S. 99.

17 Friedrich Siegmund-Schultze, Friedenskirche, Kaffeeklappe und die ökumenische Vision. Texte 1910–1969, München 1990, S. 179 f.

18 Friedrich Siegmund-Schultze, Friedenskirche, Kaffeeklappe und die ökumenische Vision. Texte 1910–1969, hg. v. Wolfgang Grünberg, München 1990, S. 193 f.

19 Paul Virilio in »Der Spiegel« 37/1997.

20 Sendebrief vom Dolmetschen, 1530. WA 30,2; 636.

21 Martin Urban, Die Bibel. Eine Biografie, Berlin 2009, S. 15.

22 Vgl. www.zeit.de/gesellschaft/zeitgeschehen/todesopfer-rechter-gewalt.

23 Paul Oestreicher, Eine neue Welt ist möglich, Ökumenische Friedenskonvokation Kingston/Jamaika, 18.5.11.

24 Alfred Grosser, Ein Zeichen der Normalisierung, in: Tagesspiegel 29.6.2012, S. 17.

25 Ebd.

26 Peter Strohschneider, Pluralisierung zwingt zum Vergleich von Weltorientierungen, in: Bildungswelten, 16. Februar 2012, S. 8.

27 Vgl. Christian Wiese, Wissenschaft des Judentums und protestantische Theologie im wilhelminischen Deutschland, Tübingen 1999.

28 Ebd. S. VII.

29 Carsten L. Wilke, Abraham Geigers Bildungsutopie einer jüdisch-theologischen Fakultät, in: Christian Wiese u. a. (Hg.), Jüdische Existenz in der Moderne. Abraham Geiger und die Wissenschaft des Judentums, Berlin 2013, S. 359–390, hier S. 386.

30 Zitiert nach: Walter Homolka, Geistliche an der Universität, in: Die Furche, 7. Juli 2011.

31 Ebd.

32 Michael Weiß, Jüdische Theologie aufgewertet, in: Kompass (15), 11. April 2013.

33 Peter Fiedler, Matthäusevangelium, Stuttgart 2006, S. 106.

34 Vgl. Christine Gerber, Die gerechte Welt Gottes, in: Junge Kirche. 72. Jg. Extra zum DEKT 2011, S. 15 ff.; S. 16.

35 Ebd.

36 Hüsch: »Was macht, dass ich so fröhlich bin«, aus Uwe Seidel / Hanns Dieter Hüsch, Ich steh unter Gottes Schutz, S. 140, 2016/14, Düsseldorf 1996,

37 Gerber, Die gerechte Welt Gottes 2011, S. 18.

38 Tina Voß, Arm dran, in: Selig sind …, hg. v. Silvia Muster/Christof Vetter, Hannover 2009, S. 15 ff.; S. 20.

39 Friedrich Wilhelm Graf, Kirchendämmerung, München 2011, S. 71.

40 Vgl. Tanjev Schultz, Starker Ehrgeiz, schwache Leistung, in: SZ 29. 9. 10,

41 Amartya Sen: Ökonomie für den Menschen. Wege zu Gerechtigkeit und Solidarität in der Marktwirtschaft. München 2000

42 Vgl. SZ Nr. 125, 31. 5. 11, S. 7.

43 Ebd.

44 https://www.oikoumene.org/de/press-centre/news/friedensbotschaft-beendet-konvokation-aber-die-arbeit-faengt-erst-an

45 http://www.manuelsarrazin.de/europa/11-08-2009/europaeischer-migrationspakt
http://www.manuelsarrazin.de/europa/09-09-2009/europaeische-migrationspolitik

46 Martin Luther, zitiert nach: Schlag nach bei Luther, hg. v. M. Käßmann (Übertragung durch Ralph Ludwig), Frankfurt 2012, S. 156.

47 Ebd. S. 133.

48 Ebd.

49 Luise Schottroff, Die Gleichnisse Jesu, Gütersloh 2010 (3. Aufl.), s. 135.

50 Vgl. ebd. S. 122 ff.

51 Ebd. S. 137.

52 Schlag nach bei Luther, S. 92

53 Gerta Scharffenorth, Freunde in Christus, in: »Freunde in Christus werden …«, hg. v. dies. und Klaus Thraede, Gelnhausen 1977, S. 183 ff.; S. 220.

54 Vgl. Jeder zweite Guantánamo-Häftling isst nichts mehr, in: FAZ, 25. 4. 13.

55 Vgl. hierzu und zum Folgenden: Karin Steinberger, Du kriegst Ärger, in: SZ 12. April 2013.

56 Ebd.

57 Ebd.

58 Vgl. hierzu und zum Folgenden: Gott will Taten sehen, hg. v. M. Käßmann, München 2013.

59 Ebd. S. 97.

60 http://www.inforadio.de/programm/schema/sendungen/babylon/201303/187363.html

61 Schlag nach bei Luther, S. 84

62 Ute Gause, Ehe als reformatorische Inszenierung, Ritual und Skandal. Antrittsvorlesung Bochum 21. Mai 2008, unveröffentlichtes Manuskript, S. 2.

63 Thomas Kaufmann, Pfarrfrau und Publizistin. Das Reformatorische »Amt« der Katharina Zell. In: Zeitschrift für Historische Forschung. Bd. 23, 1996, S. 181.

64 Vgl. dazu: Ute Gause, Kirchengeschichte und Genderforschung, Tübingen 2006, S. 122 f.

65 ELWA 10, 296 f. (Scharffenorth. S. 219).

66 Gerta Scharffenorth, Freunde in Christus, in: »Freunde in Christus werden …«, hg. v. dies. und Klaus Thraede, Gelnhausen 1977, S. 183 ff.; S. 220.

67 Martin Ebner, Face-to-face-Widerstand im Sinn der Gottesherrschaft, Early Christianity 1, 2010, S. 427.

68 Kerstin Schiffner, Vom richtigen Leben im Falschen, in: Exegetische Skizzen zum Kirchentag in Stuttgart, S. 11 ff., S. 14.

69 Vgl. Voigt NN, S. 320.

70 Ebd. S. 322.

71 Deutsche Banken investieren Milliarden in Atomwaffenhersteller, in: ZEIT 10. Oktober 2013

72 http://www.gevestor.de/insede-news/gevestor-scharfsinn-zahlt-sich-aus-729651.html (Abruf am 25. 1. 2017)

73 David Gerginov, Rüstungsaktien: Moralisch bedenklich oder eine gute Investition?, 5. 9. 2014.

74 Tobias Lehmkuh, Privat im Richtigen. Wie Adornos berühmtester Satz ursprünglich lautete, in: Süddeutsche Zeitung, 26. 2. 2010, S. 14.

75 De CivitateDei, 4. Buch; 4. Kapitel.

76 Schlag nach bei Luther, S. 48.

77 Schlag nach bei Luther, S. 49.

78 Leben nach dem DIETER-Prinzip, Interview in: DIE WELT, 26. 1. 13, S. 16

79 »Ich schäme mich dafür«. Ein Interview von Tillmann Prüfer, http://www.zeit.de/2008/14/Designer-Starck-14/komplettansicht?print.

80 Judith Butler, »Heterosexualität ist ein Fantasiebild«, in: philosphie magazin 01/2013, S. 67 ff.; S. 69.

81 Rudolf Bultmann, Das Evangelium des Johannes, Göttingen 1978 (20. Aufl.), S. 93.